撮影：秋山庄太郎 ©秋山庄太郎写真芸術館

# 父と私

田中眞紀子

B&Tブックス
日刊工業新聞社

# はじめに

この世で何が鬱陶《うっとう》しいといって、他人《ひと》から父についてあれやこれやと聞かれることほど煩わしいことはない。

良きにつけ悪しきにつけ、相手は興味津々で私の口から発せられる片言隻句《へんげんせっく》を聞きもらすまいと身を乗り出してくる。その雰囲気が嫌なのである。父が世間で言うところのいわゆる〝有名人〟であることは十二分に承知している。自分がそうした有名人の娘であるからかどうかはわからないが、私自身は学界、政財界、芸術家等、国内外の著名人と相対しても、鈍感なせいか気後れするということはまったくない。ごく平常心で挨拶や会話をしている。むしろ面倒なのは、そうした超一流人のご家族と話をする時である。

ある人は斜に構え、またある人は尊大な受け答えをすることが多々ある。そんな時、この方も私と同様に家族のことを聞かれるのではないかと警戒しておられるに違いないと忖度《そんたく》して、そういう人たちにはなるべく近寄らないようにしている。

芸術家であれ、財界人であれ〝超〟の字のつく人にはオーラがある。確かな哲学に基づく自信が漲《みなぎ》っている。そしてごく普通な人間らしさをも兼ね備えている場合が多い。本物とはこういう人物のことをいうのであろう。海外でお目にかかった女王や国王、政治家、芸術家等も例外ではない。

かねてから父に関する思いや出来事の数々は、胸に秘めたまますべて黄泉《よみ》の国まで持ち去ろうとずっと心に決めていた。

そんな私がこの際、父に関する事柄も含めた本を出版しようと決意したのには理由がある。今や世の中はかつてないほどの〝田中角榮ブーム〟であり、全国の書店の棚には父に関する本や雑誌が溢《あふ》れ、テレビ等のメディアでも関連事項が度々取り上げられている。そうしたなかには揣摩《しま》憶測や伝聞、自己宣伝目的と見受けられるものもある。父の喜びや悲しみ、プライドや悩み等を間近で共有してきた私自身が両親に対する追慕《ついぼ》の念、そして何よりもこんな私を大切に慈しみ育ててくれたことに対する心からの感謝を込めて、小書を出版することとした。

私が物心ついた三歳頃には、父はすでに国会議員となっていた。したがって、その頃から平成五（一九九三）年十二月に七十五歳で亡くなるまでの四十七年間の出来事を中心に記している。

『日本列島改造論』でご縁のあった日刊工業新聞社が出版を快諾してくださったことに感謝申し上げたい。

「古今東西人間の一生はそれぞれ一度限りであり、一人ひとりの命と尊厳は守られなければならない」

このことは我が父がずっと言い続けてきたことであり、私が生きていくうえでの最高の指針でもある。

田中眞紀子

# 目次

これまで年齢や環境が変わるにつれて、周囲からの私の呼称が変わってきた。その年代を追うことで、その時々の父と私、家族のあり様がより伝わると思い、章のタイトルとした。

## 第三章　奥さん――結婚後

『父と私』（978-4-526-07676-3）【正誤表】

本書内に誤記がありました。お詫びして訂正いたします。

59ページの2行目および13行目
【誤】…王効賢女史…
【正】…王**效**賢女史…

86ページの2行目
【誤】…三人でメチャクチャ踊った帰りに、…
【正】…三人で**メチャクチャ踊りをした**帰りに、…

２０１ページの８行目
【誤】「今ウチにいるのは半人足ばっかりだ！」
【正】「今ウチにいるのは**半端人足**ばっかりだ！」

２１８ページの15行目から２１９ページの１行目
【誤】…の一環で生まれた。
堤防のほぼ中央で…
【正】…の一環で**生まれた堤防の**ほぼ中央で…

２８２ページの６行目
【誤】…なぜなら確かに文には…
【正】…なぜなら確かに**父**には…

２９１ページの３行目
【誤】…酉年にあやかって…
【正】…**トリ年**にあやかって…

２９７ページの11行目
【誤】…東条内閣のほかの閣僚のように断罪されることもなく、三年の収監を経て解放された。
【正】…東条内閣のほかの**閣僚たち**のように**その罪を**断罪されることもなく、**解放された。**

第一章

# マコちゃん——幼少期

# マコちゃん

「時を大切にしなさい。時間は二度と戻ってはこないからね」

おかっぱ頭の小学生の頃も、お下げ髪の中学生の頃も、そしてヘアスタイルを気にしていた高校や大学生時代にも、父は常に私にそう語りかけていた。一方、母は〝黒髪は女性の命〟というのが口癖で、日頃から髪をよくすいて手入れをしておくことを身だしなみとしていた。

父は毎朝、幼稚園へ出かける直前の私に、

「マキ子、ちょっとこっちへ来なさい」

と言って背広の内ポケットから愛用の柘植櫛《つげぐし》を取り出して、丁寧に髪をとかしてくれた。傍らの母が差し出すヘアピンで髪の一部分をとめると出来上がりである。これには訳があった。当時私の頭髪の一部には、どうした訳か一房の金髪が生えていた。父はその金髪を気にして、少しでも見えないようにとヘアピンでとめてくれていたのである。とかし終えると、

「よし、これで大丈夫だ！」

と父はニッコリする。ところが私は、その言葉を合図に頭をバサバサと左右に揺すって、

「どうせ走ったり、鉄棒すればすぐにこうなるのよ！」

と口をとがらせた。

また、こんな出来事もあった。私の年子の兄が亡くなるまで住んでいた新宿区牛込南町の家は広い庭のある洋館で、玄関の車寄せポーチにはタイルづくりの池があった。中にはホテイアオイとともに数匹の金魚が放たれていた。

ある夏の昼下がり、幼稚園から帰った私はとても素晴らしいことを思いついた。お手伝いさんたちが時折台所でお魚を三枚に下ろしている様子を傍らで、背伸びしながら見ていた私は〝そうだ、アレを自分でもやってみよう〟と考えついたのである。さっそく、ピチピチはねる金魚を両手で次々にすくい上げて平らなタイルの上に並べ始めた。

「コラ！　何をやっているんだ！」

突然背後で大声が響いた。夢中になっていた私が驚いて振り向くと、いつの間に帰宅したのか背広姿の父がもの凄《すご》い形相で仁王立ちしていた。

「おちゃちみをつくろうと思って……」

と答える間もなく私は子猫のように襟首をつかまれて、暗いお蔵の中へ放り込まれてしまった。

せっかく、ご馳走をつくってあげようと思っていたのに、なぜお蔵に入れられなければならないのかと暗闇の中で考えた。そんな時の救出係は決まって母である。そしてこんこんと私を諭すのも母の役割であった。

お父さんという人は優しいけれどおっかない。家族に対して絶対的権限を持っていて誰も反対したり、聞き返したりすることはできない存在であった。父が仕事に出掛けると家中の人の肩の力が一挙に抜けて、誰もが深呼吸をしていることが子供の私にも伝わってきた。


病弱でいつも床に伏し、お医者様のお世話になってばかりいた兄は昭和二十二(一九四七)年九月、満四歳で短い生涯を閉じた。名前は正法《まさのり》といい、両親は〝名前負けした〟といつまでも長男の死を悔やんでいた。

仏教の正しい教法にちなんで正法と名づけたことを悔やんでいたらしい。

兄は母に似て色白で目鼻立ちのハッキリとした丸顔の好男子で、いつも優しい声で、

「マコちゃん、マコちゃん」

と私の名を呼んで病室化した二階の洋室へ招き入れてくれる。そしてお見舞い客が届けてくださった上等な水菓子や練り切りの和菓子を指差して、

「下へ持って行って食べてね」

と言ってくれる。あの兄と広い庭で思う存分遊び回った記憶は一度もない。いったいいつまで待てばその日が来るのかと、二階へと続く階段に座ってずっとずっと待ち続けていた。あの時の気持ちは今もヒリヒリするほど想い出す。

眞紀子という名前は訓読みすると「マサノリ子」となる。両親は年子の私たち兄妹を双子のように名づけ、慈しみ育ててくれていたのである。

容貌も性格も母親似の兄に対して、私は明らかに幼い頃から父親似であったらしい。親戚やお客様からいつも、

「マコちゃんはお父様そっくりね」

と言われて、私はそう言われること自体が不満であった。誉《ほ》められているのか、けなされているのかさっぱりわからず、なんとも耳障りなその言葉を聞くたびに、辟易《へきえき》して私はそういう人たちを睨《にら》み返した。

長ずるに従って、お父様似と言われるたびに〝あんな暴君、封建おやじになんか似

てたまるか！〟という反発心が強くなった。

その兄の小さな亡骸は新宿区落合斎場で荼毘《だび》にふされた。ゴーッという音とともにカマドが点火されると母は泣き崩れ、父は三歳の私をすばやく抱きあげて表へ出た。

斎場の煙突から立ちのぼる白煙を見上げつつ、

「正法お兄ちゃんは、あの煙になって今天国へ駆けのぼっているんだ。マキ子、よく見ておきなさい。決して忘れるんじゃないよ！　もうお父さんにはお前しかいない……」

と言って嗚咽をもらした。私は父の襟首にしっかりとつかまったまま、その煙と父の横顔を見つめていた。後年、その同じ落合斎場で父と母を見送った時、あの日の白煙と父母の記憶が胸によみがえった。そして、

「時を大切にしなさい。時間は二度と戻ってはこないからね」

という父の言葉が胸に去来した。

# 女代議士

小学校は東京・千代田区立の富士見小学校に入学した。家の近くに女子だけの私立学校もあったのだが、父は兄亡き後の私を公立学校のなかで逞《たくま》しく鍛えたいと考えていたらしく、迷うことなく区立の小学校へと入学させた。

生来健康に恵まれて天衣無縫《てんいむほう》な性格の私は、勉強よりも好奇心いっぱいで毎日走り回ることが大好きなお転婆娘に成長した。女の子たちは休み時間になるとお手玉やおはじき、あやとり、そしてゴム段遊びなどをしていたが、私は男の子たちとドッジボールや鬼ごっこをして汗だくになって駆け回るほうが数段楽しかった。女の子たちは木の床にペタリと座り込んで車座になりコチョコチョと楽しげに遊んでいたが、私は彼女らの脇をすり抜けて校庭遊びに夢中になった。授業中はさっぱり冴えなかった私も、秋の運動会はいつもリレーの選手で肩から襷《たすき》を掛けてバトンを握り締めてアンカーとして走っていた。教室でのウップンを走ることによって晴らしていたに違いない。女子中学校に入学してからも当然のことのようにリレーの選手であり、この俊足は後年選挙運動の時に大いに役立ったと今も思っている。

小学校から帰宅後はランドセルをおろす間もなく近所の悪童どもが「マキ子チャーン！」と呼びに来て、飯田橋の土手から靖國神社周辺を陣地として夕方近くまでチャンバラごっこに夢中になった。現在も飯田橋から四ツ谷駅までお堀が続き、春になると土手の桜が見事にほころぶ。当時はズック靴と棒切れ一本を頼りにあの土手を駆け下りたり、よじ登ったりしていた。よくもまあ転落して省線（当時のJR線の呼称）に轢《ひ》かれたり、お堀に転げ落ちたりしなかったものだと感心する。私たちは日が暮れるまでおサルの集団のように飛び回っていたことになる。

戦後十年目前後のあの頃の靖國神社の境内には引揚者らしき人々のバラック家屋やテントが点在し、飯田橋駅前では〝蛇使い〟や〝ガマの油売り〟などの大道芸人が人々を呼び込んでいた。下校途中の私たちが足を止めてそれらに見入ることは当然の成り行きであった。

また、時たま母やお手伝いさんと省線電車に乗ると、戦地から引き揚げてきた傷痍軍人が深々と頭を垂れて野戦帽子を突き出し乗客たちに小銭の無心をしていた。夏に新潟の祖父母の元へ行く時には上野駅から上越線に乗った。上野の山や駅構内の薄暗い通路にも傷痍軍人が土下座状態で頭を下げ、目の前の空き缶にお金が放り込まれることを待っていた。隣に犬までがチョコンとおとなしく座っていることもあった。しかも、私とほぼ同年代の子供たちが乱れた髪をボリボリ搔《か》きながら虚ろな目つきでウロウロと歩き回っていた。当時は浮浪児と呼ばれていた子供たちである。

「目を合わせてはいけません。さあ早く」

と母は小声で言いつつ私の手をしっかりと握り直して足早に通りすぎるのが常であった。

「どうしてあんなに可哀想な人たちがいるの？」

とたずねると、母の答えはいつも決まっていた。

「戦争です。戦争。戦争さえしなければこんなことにはならなかったの」

本当は彼らのことをしっかりと正視したかった私は母に引きずられて歩きながらも振り返り、振り返りしながら同じことを母にたずね続けた。今もしばしば新潟へ帰る私にとって上野駅はいわばホームステーションであり、上野駅周辺で見たあの光景は原体験として瞼《まぶた》に焼きついている。戦後七十余年経った今、あの人たちはあの重い過去を心に閉じ込めてどのように暮らしているのであろうか、という思いは政治家になって以降もずっと心のなかに澱《おり》のように溜まっている。

誰もがそうであったように私も小学校からの帰路は開放感いっぱいで友達とふざけあったり、悪戯《いたずら》をしながら歩いていた。

ある日、大沢君という男の子が小走りの私を後ろから追いかけてきた。ところがのろまな自分の足では追いつかないと知ってか知らずか、突然彼は持っていた傘の柄で私の背中のランドセルを引っ掛けて私の足を止めようとした。突然急ブレーキを掛けられた私はもんどりうって路上に転び、したたか腰を打って膝から血が流れた。あまりの痛さに口達者な私は大沢君に猛然と抗議をした。するとその時、

「ヤーイ、ヤイ！　女代議士！　こいつのお父さんは国会議員なんだゾ！」

と辺り構わず大声でわめき散らした。例の蛇使いやガマの油売りで人だかりのする、その場所でのことである。大勢の見知らぬ大人たちが振り向いて私たちのほうを見ていたことが妙に恥ずかしいことのように記憶に残っている。父の職業が何であるのか、国会議員や女代議士が何なのかもまったく知らなかった私は、唯々びっくり仰天した。

夕刻食卓についてから両親に下校後の件を打ち明けた。

「お父さんは国会議員なの？　どんなお仕事をするの？　女代議士って何？」

と矢継ぎ早に質問した。父は手にしていたお茶碗とお箸を食卓に置いてしっかりと

私の目を見て、その職責の重さについて子供にもわかるように簡潔に話してくれた。そしてさらに、

「その子はマキ子のことを女代議士と呼んだのか？」

と言って私の顔を覗き込み、さもおかしそうに笑った。昔からウチの父は変な人で、「アハハ……ゲラゲラ……」と声を出して笑うことはほとんどなかった。この時もさもおかしそうに大笑いしていたのにもかかわらず無音であった。抱腹絶倒して涙を流すほど笑い転げる時もあったのだが、それでも私の知る限り父は無音で声を出さずに笑い続けていた。要するに父の笑い声を聞いたことは唯の一度もない。

とにかく、戦後間もないあの時代には、日本の社会の人々が女性代議士の誕生を一種奇異な目で見ていたことは確かである。「ヤーイ、ヤイ！　女代議士」という言葉がいじめを兼ねたからかい言葉として子供の口から飛び出したことが、何よりの証拠である。

「ネエネエ、女代議士って何のこと？」

とさらに問う私にお給仕をしていた母が、

「ホラ、あの近藤鶴代先生のような方のことを言うんですよ。いつもマコちゃんにガムやチョコレートを持ってきてくださる方よ」

と説明してくれた。近藤鶴代先生は岡山県選出。日本で婦人参政権が認められた昭和二十一（一九四六）年の衆議院選挙で初当選した三十九人の女性代議士のうちの一人であった。父より一年先輩で、昭和二十三（一九四八）年第二次吉田内閣で父が法務政務次官、近藤先生は外務政務次官に就任されていた。年齢は父よりずっと上であったが、馬が合ったらしく牛込南町の家にはしばしば遊びに見えていた。母とも世代が近かったせいかとても仲良しで、あれやこれやと女同士で世間話をし、傍らの父はニコニコ顔でそれを聞いていたりもした。

「マキ子ちゃん、こっちへいらっしゃい」

と手招きをして着物の袂《たもと》からチョコレートやチューイングガムを取り出して手渡してくださった。そして必ず、

「あなたはお利口さんね！」

と言って頭を撫でてくださるのが常であった。今思うと進駐軍から手に入れたらしいハーシーの板チョコか、歯並びのようにきちんとケースに収まったチクレットの白いガムのいずれかをくださった。

後年、アメリカの高等学校に留学中、駅の売店やドラッグストアの店先でそれらを見つけると、近藤先生の柔和な笑顔と着物の胸に輝いていた議員バッジが想い出され

た。

本物の女代議士は、知的でおだやかで上品な方であった。

その先生が女性第一号として経験された、科学技術庁長官のポストに私自身が就任することになるとは、運命の不思議そのものである。

# 年寄りと四季

長いつき合いをしていた親戚や、懇意にしていた友人、知人がこの世を去った後、漠とした寂寥《せきりよう》感のなかで故人を偲ぶよすがとして想い出すものに〝声〟がある。日常のちょっとした癖や、故人と共有した楽しい想い出とともに、その人の声や言葉が耳の底にしみついて離れないということは、誰しも経験があることと思う。

私の母方の祖父母は私が生まれる以前に亡くなっていたので、想い出話を聞かされてもどうもイメージがわいてこないが、父方の祖父母のこととなると、たった今ここに本人たちがいるように、リアルに人物像を思い描くことができる。

冬は雪深く、夏は草の生い茂る越後の農村で生涯を送った二人は、どちらも強烈な個性の持ち主であった。人生を濃密に生きてきた人間特有の、存在感といったものが二人にはあって、生前かかわりのあった方々が今もって色々なエピソードを口にするのも、至極当然といえる。

私の乏しい経験から判断するに、〝越後弁〟というのは他の方言に比べてやや乱暴な響きがあり、しかも人の感情にベットリとからみつくような特徴があるように思える。祖父は訥弁《とつべん》ながら、その越後弁でピタリと正鵠《せいこく》を射た表現をするのが得意な人であった。骨太でガッシリとした体軀《たいく》に豪気な気性であったから、黙って座っていればなかなかの押し出しであったけれど、半面、相当の利《き》かん気で一本調子のところがあり、意見の合わない人々からは敬遠され、煙たがられていた存在に違いない。一方、祖母のほうは八十七歳で亡くなるその時まで若々しい声を失わず、こよなく歌を愛し、読書をする人であった。聡明にして利発。信じられないほど抜群の記憶力を持ち、したがって、格言、ことわざ、漢文、小説から昔ばなしに至るまで、相当な物知りであった。しかも几帳面な性格に加えて、超人的な頑張り屋であったから、農家の主婦としては人並以上に働き、政治家の母としては、誰よりも正確に息子の将来を見据えていたと思う。しかも困ったことに、大変な人間好きで能弁でもあったから、いかなる客人が現れても臆することなく、相手の気をそらさずに話の輪を広げてゆけるという特技があったため、祖父の死後は独擅場になったものの、祖父の生前は亭主よりも人気がありすぎて、無意識のうちに夫婦喧嘩《げんか》の種を自らまいていたところがあった。とにかく、よく口喧嘩をする夫婦であった。

私の幼い頃の記憶でも、新潟の祖父母のところへ行くといえば、「ああ、また、あの口喧嘩を聞きに行くのか」という思いが真っ先に浮かんできたものである。ガリガリとこま切れながらも怒鳴る祖父の越後弁と、昔の人だから夫への気がねもあるのかもしれないが、わかりにくい節回《ふし》しでとうとうと反撃をする祖母の一騎討ちが終わるまでさして時間はかからぬものの、幼い私も結構気がねをして、上目遣いに二人の表情を交互に窺《うかが》って、戦いがすむまで息をひそめていたものである。

今にして思えば、祖父にとってよくできる妻の存在は目の上のこぶ、何かにつけて癪《しゃく》の種であったのかもしれない。平塚らいてうや与謝野晶子の伝記を読むと、なるほど、女傑とはこういう人物のことかと感心はするものの、心のどこかで無名であり立場は違っていても、ウチの田舎のおばあちゃんのほうがうわ手ではないかしらという思いは拭い去れずにいる。

小学校低学年の頃から、毎年夏休みに入ると、私は父の強権発動の被害者として、新潟の祖父母のもとへ送り込まれていた。たった一人の跡取り息子である父が東京暮らしのためにできないでいる親孝行を、これまたたった一人の孫娘である私を長い夏休みの期間中、送り込むことによって代用しようという魂胆である。上野駅までは、母か書生さんが見送って上越線に乗せてくれるが、後は一人旅である。「人さらいにだけは気をつけなさい」という言葉を胸に、八時間もの長い旅の間中、私は一人ぽつねんと椅子に座り、ただひたすら長岡駅で中村というじいさんか、または白い麻の背広を着た本間という秘書が出迎えてくれる時を待った。極度の緊張と疲れで長岡駅頭に降り立った瞬間から、私はふくれっ面で無口な、およそかわいげのない女の子になっていた。今でも一人で列車に乗ったりすると、あの時のことがよみがえり、暗い気持ちになる。

祖父は村の長《おさ》的存在で、どんな時でも田畑の労働は一切せずに、夏は縮みのステテコ姿に長キセルを愛用して、まるで根が生えたようにひねもす座敷に座って村人の陳情や相談ごとの相手をしていた。音ばかり大きくて、ひとつも涼しくない黒い扇風機がブルン、ブルンと油臭いにおいをまき散らしながら回り続け、庭では蝉《せみ》の声ばかりがかまびすしかった。半年ぶりに私が玄関に入ると、

「オー、マコ、来たか来たか。どうだ学校の勉強は？　どうせ大して上がるまい！」

と声をかけてくるのが例年の第一声であった。お客のある時でも、自分はほとんど語らず、キセルの手入れをしたり、あるいはプカリプカリときざみタバコを楽しみつつ、時折思いついたようにハエたたきを手に取って、ピシャリとアブをたたき潰し、手で二つにちぎってポイッと近くの建水の中へ放り込む。そして、畏《かしこ》まっている客人

のことなどまるで無視するかのように、バスの時刻表を見上げて、次のバスはもうじきだから乗り遅れないように道へ出て待っているほうがいいなどと、平気で辞去の催促をする。そして自分は「昼寝の時間なのでお先に」とか言って、渋うちわ片手にスタスタと次の間へ引きあげてしまう。客間に残された客人はバツの悪そうな顔をするが、主人は平気で〝エチゴ・シエスタ〟を楽しむという寸法である。

夕方、ヒグラシの声が一段とかまびすしい頃になると、越中褌《ふんどし》をパラリと解いて早めの入浴をする。

「おじいちゃんは、どうしてそんなにめんどうくさい物を巻きつけているの？　不潔だね」

と私が言うと、決まって、

「上等上等。こんな便利な物はないさ！　お前たちの手拭いなんかより、よほど清潔」

と胸を張る。唖然《あぜん》としているこちらを尻目にオッホンと咳ばらいをしてから風呂場へと消えてゆく。血行のよくなったお風呂上がりには、決まって柱のそばにドカリと座って、ひとしきり背中を掻《か》く。柱の角にピタリと背を当てて両の肩を左右にゆすりながら、器用に背中を掻くさまは、すぐに私が真似るところとなった。その後はペタリと俯《うつぶ》せになり、足の裏を私の両方の踵《かかと》で踏むように命ずる。自分はラジオの浪曲や民謡を聞きながら、うつらうつらしているふりをしていたが、結構孫とのスキンシップを楽しんでいたのかもしれない。

冬は冬で、大晦日から新年にかけての〝年越し〟をするためにやはり、一人で新潟へ行くことが例年の習わしであった。上越線から越後線に乗りかえて、大雪のなか、ようやく礼拝《らいはい》という名の駅に着く頃にはすでに月が昇っている。人気《ひとけ》のないホームで待っていてくれる祖母はモンペと綿入れの上にミノを着て、表情がよく見えないほど、手拭いで顔を包み込んだうえに笠を被《かぶ》っていた。スカート姿の私を見ると、

「オココ……。なあして、そんげぇふうして来ただ？　寒ぶうねぇか？」

と言って、軽装のまま平気で雪国へやって来た都会人の無神経さに苛立《いらだ》ちの表情を見せた。そして赤やら青の布切れでしっかりと編んだ太い紐を取り出して、私の重いスーツケースを自分の背中に背負ってくれる。農作業と寒さで荒れた武骨な指が器用に動いて、あっという間に準備は終わる。顔見知りの駅員さんが、

「角円のおばあちゃん、孫さんが来なすっていかったねぇ。長いことホームで待ったかいがあったのう」

と言うと、

「ああ。これがオラチのたんだフトラ（一人）のタネですぃネ。スジですぃネ」

と答える。我が家の跡取りの種。血統の筋という表現をしていたわけなのだが、当時の私にはその意味がよくわからなくて、なんとなく嫌な思いで聞き流していた。タネとかスジとかいう表現は言い得て妙なのだが、本人にしてみると、自分が西瓜《すぃか》か胡瓜《きゅうり》、要するにウリ科の植物にたとえられているように思えたからである。

雪の降りやんだ平野は、ぶ厚い雪の絨毯《じゅうたん》で、どこまでが田圃でどこが道なのか、さっぱり見当がつかない。祖母は長年の勘を頼りに、ズボン、ズボンと腰まで雪に埋もれながらも前進する。その後を私も同じ歩幅でついて行く。皓々《こうこう》とした月に照らされた雪原は真っ青で、青びかりした雪の結晶がチカチカと光を放つ。無限の静寂のなか、背後の山から「ウォーン」と獣の遠吠えが聞こえてくる。狼かとおびえる私に、狐だよと答えながらも歩を速める祖母は、振り向いて手を引いてくれる。

「おばあちゃん、荷物が重いでしょ。ごめんなさい」

と言う私に、

「なんの、なんの。こんげに軽い物は荷物のうちじゃない。ついでにオメサンもぶてやろうかね？（お前さんも背負ってあげようか）」

と、さもうれしそうにトボける。久しぶりに接する祖母の逞《たくま》しさと優しさに、私はいたく感動したものである。実物教育というけれど、厳しい自然環境にめげず、自分の無言の努力だけを頼りに生きてゆく人間の姿は素晴らしく、大きな感動を人に与える。

通称〝お坂〟と呼ばれる峠を越えると、やっと家の灯が見えてくる。礼拝駅から三、四十分の道のりの終着である。

勉強家の祖母は本や新聞を読むことが好きであったが、書くほうも結構マメで、私がアメリカの高校に留学していた当時も、何通かの手紙を送ってくれた。「健康に留意せよ」とか、「帰国の時を指折り数えて待っている」といった、いたって簡単な内容ばかりではあったが、〝坂田の老母より〟と書かれた署名がいかにもタドタドしく、私は郷愁の念にかられた。

また、祖母は世の多くの老人の例にもれず、神仏とご先祖様を大切にする人であったから、道端のお地蔵様や弁天様、観音様を見かけると必ず歩み寄って手を合わせた。そばで私がソッポを向いていようものなら、厳しい叱責の声がとんできたものである。珍しく秋のお彼岸に新潟の祖母が上京して来ることがわかると、母は前もって知り合いのお墓の所在を調べたり、お仏壇の掃除をしたりして大騒ぎをすることになる。身内の者の命日やお墓の場所を正確に知っていることは、長男の嫁たる者の当然の務めというわけであるが、あのあわてぶりから察するに、ウチの母はその点では及第点には達していなかったものと思われる。

多摩霊園には、母の実家、私の主人の父親、そして父が初めて上京して来た当時、お世話になった方々のお墓があり、そのすべてを車で訪ねて回るのが祖母の目的であった。

私はできるだけ、そういう時には行動を共にしなくてすむように苦心惨憺《さんたん》していたが、結局はつかまる羽目となり、半日お説教を聞かされたものである。殊に、母の両親が眠る坂本家のお墓の前では、お前の今日があるのはこの方々のおかげゆえ、感謝せよという言葉から始まって、例の〝タネ、スジ論〟を拝聴することになる。そして結びの言葉は決まって、「いつまでも、あると思うな親と金。ないと思うな運と災難」という格言である。こちらが上《うわ》の空で聞いているなと思うと、決まって復誦《ふくしよう》を命じられる。いつだったか、私がふざけて格言を即興で英訳してリピートしたところ、真っ赤になって怒り出し、世も末じゃという顔をされて、いささか参ったことがある。

一方、祖父のほうは出不精のうえに、着る物にはおよそ頓着しない人であったが、春秋の競馬シーズンになると、結構盛装をして上京して来るのが常であった。祖父は背も高くて、恰幅《かっぷく》がよく、田舎仕立てにしては素敵な背広に中折れ帽子、そして高校時代に私がアメリカからお土産に買って帰ったネクタイを締めた姿はなかなかカッコよく、私はそういう姿をした時の祖父を密《ひそ》かに自慢に思っていた。

「あら、おじいちゃん、素敵ね。そのネクタイは私のお土産でしょ?」

などと問うと、

「さあ、どうだったかなあ。ワシはネクタイの百本も持っているで、ナー(お前)のアメリカ土産かどうかは、覚えとらんのう……」

とうそぶく。こちらもアマノジャクのじいさんの言うことだから、どうせ嘘八百本の間違いだろうと逆襲することになる。とにかく、祖父の人をからかったようなジョークや言い回しというのは実に独特で、父もその点は男親に非常によく似ている。親子というものはロクでもないところばかりがよく似るものだと、つくづく思う。

皐月賞に天皇賞、日本ダービー、オークスと大レースのある時は、必ず私も小学生の時分から父や祖父にくっついて競馬見物に出掛けた。

特別室のバルコニーから見下ろす広々とした馬場の美しさは格別で、カラフルなジョッキー・ウェアと疾走する馬の躍動美は小学生の子供をも充分に楽しませてくれた。その頃の特別室の常連といえば、大野伴睦《ばんぼく》、河野一郎、川島正次郎、山村新治郎、そして永田雅一氏らであった。駆け出し代議士であった自分の倅《せがれ》のことなど忘れたかのように、祖父がそれらの大物たちと談笑できたのも、競馬場という開放的な雰囲気のおかげであったと思う。党人政治家が週末に中山や府中の競馬場で顔をそろえるなどということは、今の時代では想像もできないことであろう。

河野洋平さんや二代目山村新治郎さんと顔を合わせると、どうしても当時の競馬場でお会いしたご尊父方のことが偲ばれて、ついそのことに話題が向いてしまう。後年、サンフランシスコで初めて河野洋平さんにお会いした時、彼から開口一番、

「あなたの名前はマキコさんか、マキエさんでしょう。父から、田中さんの持ち馬には全部、お嬢さんの名前がついていると聞かされていましたから」

と言われてびっくりした記憶がある。競馬狂が昂《こう》じて馬主になった父は、自分の持ち馬にマキノオー、マキノホープ、マキノアサカゼ、マキノミドリなどと名づけた。理由は至極単純。じゃじゃ馬娘と同じ名前にすれば、たぶん馬も疾風矢の如く走って大活躍するに違いないと踏んだわけである。ところが馬のほうはさっぱり走らず、娘一人に振り回されて自分は手こずるばかり。心機一転、ベロナと名づけた牝馬《ひんば》がオークスに優勝し、これを機に父も自分の単純な発想を後悔することとなる。

馬といえば祖父は福島競馬にも時折出掛けていたそうで、祖母のグチのなかには決

まってそのことが含まれていた。

「オラが難儀したゼン（お金）を、福島競馬に行っては、パーッとすってきなさる。困ったじいさんだでや。福島てや困ったとこだでや……」

祖母は苦悩の色をにじませて私に訴えた。交通不便な時代にわざわざ越後山脈を越えて競馬場通いをし、揚句《あげく》の果てに大損をして帰るのでは肩身も狭かろうと思うのだが、そこは持ち前の利かん気を発揮して、祖父は祖母のグチや不満を封じ込めていたのであろうから、妻としてはやりきれない思いであったことは、容易に想像がつく。

「オラチのマコちゃんには、どんな婿さんが来るやら」と長年、祖父母が共通の楽しみにしていた我が亭主殿は、福島県の出身。日本鋼管を退職して衆議院選挙に立候補した。主人の亡くなった父親が相馬市の出身であることから、私も選挙応援で相馬入りする時には福島市を経由する。東北新幹線の開通で今や近代的になった福島駅しか私は知らないが、駅前に広がる阿武隈山地は昔と同じであろう。ひと昔前に越後からはるばるやって来た祖父は、この山なみをどんな思いで眺めていたのだろうかと思わぬ時はない。

そして、祖母の苦しそうに喘《あえ》ぐような声が、山びこのように聞こえてくる。

阿武隈山中の冬の訪れは早い。しかし、重く、暗く、厳しい越後の冬に比べたら、おだやかなものである。長い冬を越して、春が待ちきれない祖父は、広々とした福島競馬場へ来て萌え出ずる若草を踏んで疾走する若駒の姿に、春を堪能していたに違いない。出迎えの車の窓から、遠く競馬場を望むたびに、いつか私も自由な時間を見つけて、福島競馬場のトラックやパドックを見物し、一生に一度だけ馬券を買って大好きだった祖父を偲んでみたいと思っている。そして、その馬券を新潟のお墓に届けたら、泉下の祖父母はどんな喧嘩をするであろうか。私の悪戯《いたずら》心は想像を逞しくする。

縁は異なもの。あれほど、祖母が「困ったとこだでや」ともらしていた福島県から、心待ちにしていた良い婿殿が来てくれたのである。しかも〝野馬追い〟で有名な相馬の出身で、馬とは大いに縁が深い。さらに、競馬や野馬追いにとどまらず、選挙という大レースに出馬したのである。なんとも皮肉なめぐり合わせというほかはない。

主人に会っていたら、どれほど新潟の祖父母が目を細め、自慢の種にしていたかと思うと、時の流れをうらめしく思う。

# 転　生

年子の兄が幼くして病没して以来、両親は幼子との切ない想い出が溢《あふ》れる牛込南町の家からどこか新天地へ移り住みたいという思いを持っていた。

ある日の昼下がり、国会から戻った父が、

「オーイ、マキ子！　いい所へ連れて行ってあげる。今すぐお父さんの車に乗りなさい」

と玄関先で大声をあげた。私が小学校四年生の春のことである。南町の家から二十分ほどで到着したその場所には、広い敷地に瀟洒《しょうしゃ》な二階建ての洋館が立っていた。玄関ホールや応接間、書斎、階段の床はすべてチーク材の寄木造り。ステンドグラスの窓。鉛と手吹きガラスの照明器具。黒曜石やアンモナイトが嵌《はま》ったままの天然石がふんだんに使われたマントルピースや手すりの部分。この家は子供の目にも〝館〟と呼ぶにふさわしい建築物であった。一階と二階にある複数の和室も、それぞれ欄間や床柱、丸障子などかなり凝った細工が施してあった。

南町の家も和洋折衷で、玄関、応接間、食堂は洋風で広い庭に面していた。奥はすべて和室で暗いお蔵が廊下の突き当たりにあり、悪戯《いたずら》がすぎるとそこへ閉じ込められた記憶がある。今振り返ると、あの家は明治か大正初期の建築物と思われる。玄関にはマジックミラーなるシロモノが取り付けられていた。外からは鏡仕立てになっているのだが、家の中からはちょっと曇った素通しガラスになっていて、明るい戸外にいる人の様子が手に取るように見える仕掛けになっていた。それとは知らない来訪者は呼び鈴を押して家人が出てくるまでの間に髪を撫でつけたり、ネクタイを直したり身繕いをしていることがほとんどであった。

病弱な年子の兄は床に伏していることが多かったため、遊び相手のいない私はそのマジックミラーの下に踏み台を置いて、爪先立って密《ひそ》かに来訪者の観察をした。そして、その様子を書生さんやお手伝いさんの前で披露して、時に爆笑を誘ったりしたのだが、母の不興を買って、

「次にやったらお蔵に入れますよ！」

と叱られもした。

目白台の家はかつて米進駐軍の将校が使っていたとかで、床の間の縁《ふち》の黒漆塗りの部分にはあまたの傷があった。靴を脱ぐ習慣のない西洋人がつけた傷を見て、「もっ

たいない」と父が嘆息した時の表情はなぜか今も強く印象に残っている。さらに、応接間から庭へ出るテラスに嵌《は》めこまれた木製の格子戸には真っ赤なペンキが塗ってあった。

「こんなことをしちゃあダメだ」

と父はつぶやいた。

「お父さん、この家をどうするつもりなの」

と問う私に、

「ここはお前の終《つい》の栖《すみか》だよ」

と言った。「ツ・イ・ノ・ス・ミ・カ?」……幼い私には何のことかさっぱりわからなかったが、広々とした庭が大変気に入った。芝生のなかのあちこちにヒヤシンスやクロッカスが点々と咲いていたことに心が躍った。しかも、よじ登れそうな松や泰《たい》山木《さんぼく》などの大樹もある。父はそんな私には頓着もせず、ここは南下がりで日当たりが良い。しかも庭から先はかなりの傾斜で早稲田へと下がっている。万一将来、高い建物が建っても視界を妨げない。さらに、この辺り一帯には水脈があり、庭に湧水がある。そして何より、南町の家よりも明るいなどと子供相手に楽しそうに話し出した。目白通りという広い道路にも接していて、確かに住むには良い条件がそろっている。

しばらくしてから私たち親子三人は目白台のその家へと引っ越しをした。

梅雨の時期にはヒメシャガ、秋には真紅の曼珠沙華が咲き、藪椿や泰山木、桜、蜜柑の木などが子供の手には届かない高さで聳《そび》えていた。勝手口にはグミの木が大きく枝を広げてたわわに実り、ルビーのような艶やかな赤い実は口に含むとエグ味があった。中学校一年生の国語の教科書に幸田文《あや》氏のグミに関する文章が載っていた。女性の先生が教室中を見回して、生徒たちにグミの木を見たことがあるかとたずねた。シーンとした教室で私は〝ハーイ〟と元気よく手を挙げ、

「その木は家にあります」

と答えた。あの時の友人たちの視線と率直な私の反応のチグハグさは今も心に残っている。泰山木は小雨のなかでも秘めやかで青臭く、ちょっと艶《なまめ》かしい芳香を放つ。朝、見上げていた純白の巨大なその花が学校から帰って庭に出てみる頃には、バサリと足元に落ちていることがままあった。散るというよりも落下したという表現がふさわしいほど無残な終わり方に溜息が出た。椿や桜の花は紐に通してネックレスにした。酸味の勝った蜜柑の味も忘れえぬ想い出である。しかしある時、父はなんの前触れもなく、これらの木々を切り倒してしまった。その理由は泰山木や椿は花が落下す

る様が縁起が悪いとか、曼珠沙華の別名がヒガンバナであるとか、蜜柑など実のなる木が庭にあることも縁起が悪いとふるさとの古老が言っていた、という理屈であった。その代わり、はるばる京都から庭師を呼んで灯籠《とうろう》や庭石のある和風庭園につくり変えてしまった。多分古くからこの地に自生していたであろう植物たちや外国人が植えたらしい植物はすべて葬り去られてしまった。私は父の考え方と行動にひどく落胆し、憤慨した。

やがて父自慢の庭の池には、地元新潟県小千谷市特産の錦鯉が届けられるようになった。プレゼントの物もあれば、品評会で入賞した鯉を、日頃多忙を極める父を慰めるために貸してくださったケースもあった。湧水池は次第に手狭になり、つくり変えざるを得ないこともあった。

アメリカのヘンリー・キッシンジャー元国務長官や中国の鄧小平副主席、ブラジルのガイゼル大統領等の外国の要人が拙宅に見えるたびに池の鯉を観賞した。その様子はメディアを通じて世間へ報道され、揶揄《やゆ》や批判の対象となった。私たち家族は肩身の狭い思いを強いられたが弁解のしようもなかった。

我が家の近所に居を構えられていた日本画家の故杉山寧《やすし》画伯とは、家族ぐるみで親しくおつき合いをさせていただいており、今も続いている。ある時、我が家へご夫妻で遊びにみえた画伯が、池の錦鯉に目を留められて、これをデッサンすると言われた。後日、父が大蔵大臣か自民党幹事長のいずれかに就任した際に、杉山画伯から〝金かぶと〟と銘のついた錦鯉の絵をお祝いとして頂戴した。

時は下って、文部科学大臣として野田内閣の閣僚の一員として宮中午餐《ごさん》会にお招きにあずかった時のこと。場所は「連翠《れんすい》の間」。この御部屋には杉山画伯がかつて我が家の鯉をモデルにして描かれた錦鯉の絵が掛かっている。確か三、四匹の鯉が水面の深さを一目で推量できるような巧みな構図と配色で描かれている。「連翠の間」を訪れる機会があるごとに、私はあの絵に近寄って杉山画伯の雅号を確認していた。午餐会の最中にすぐ近くに着席していらっしゃった皇太子殿下徳仁親王から、錦鯉の絵に視線を投げかけながら、

「田中大臣、あの池はどうなりましたか?」

と御下問があった。「あ、殿下も錦鯉が我が家の池の主がモデルであることをご存知だったのか」と光栄ながらも誠に恐縮した。そして、礼を失しないよう気遣いをしつつも、杉山画伯と我が家の鯉の絵のご縁をご説明申し上げたところ、

「ええ、承知しています」

というお言葉が笑顔とともに返ってきた。

目白台の庭と池。そして錦鯉たちも、杉山画伯の作品を通じて宮中を飾るに至り、ようやく世間の揶揄から解放されて幸せ者になったと感じたひと時であった。

# 朝の身仕度

父の朝の洗顔と身繕いは入念であった。

それぞれの手順がしっかりと決まっていた。まず洗顔。朝早く起き出した母が洗面所を暖かくしておく。次に、沸騰したお湯が入ったやかんとポット、洗面器、清潔なタオル数枚を洗面台に用意する。愛用の舶来の髭剃り、大小のハサミに加え、髭剃り用石鹸をぬるま湯に溶いて泡立て専用の容器に入れて丸毛ブラシとともに用意しておく。洗顔後のクリームと丹頂チック（男性用化粧品）と柘植《つげ》の櫛。歯磨き用コップの上の歯ブラシには、適量のペーストを事前にのせておく。

幼い頃の私は、丸い籐椅子に腰かけて手際良い母の準備を感心しながら眺めていた。やがて革スリッパの音をさせて、浴衣姿の父が「オホン」という咳払いとともに二階の寝室から降りてくる。

「やぁ、マコスケ、おはよう。今日も早いのね！」

とか言って満面の笑みで洗面所に入るなり、さっそく歯磨きを始める。次に蒸しタオルで顔面を湿らせてから、床屋さんが使うような丸毛のブラシを泡立てた髭剃りクリームに浸して顔中に塗りつける。次いで、愛用の髭剃りを手に取って、真剣な眼差《まなざ》しで髭を剃り始める。白いあぶくだらけの顔の真ん中で、両目だけがキョロキョロと動いているのがおもしろくて、私はそれを見るために早起きしていたような節《ふし》がある。

左手で頰を引っ張りあげたり、頰を膨らませたりしながらゆっくりと入念に髭をあたる。鏡に映るその表情がおかしくて時々私が「キャッキャ」と笑うと、鏡の中の父の目がちょっと照れくさそうな表情になる。

剃り終わると、母が手早く新しい蒸しタオルを、

「ア、チ、チ、チ……」

と言いながら差し出す。いつもその手は気の毒になるほど赤くなっていた。拭き取り終えると少量のフェイスクリームを万遍なく顔にすり込み、次に口髭の手入れに移る。大小の西洋バサミを器用に使いこなして、正面や横顔を鏡で確認して終了する。

次に頭髪に移る。父はくせ毛であったため、くせ直しには充分時間をかけていた。複数の蒸しタオルをターバンのように頭に巻きつけて、しばらくじっとしている。ついでに耳や首筋も温める。何度もタオルを絞る母の手はみるみる赤くなって、可哀想で仕方がなかった。寒い冬の朝は、やかんやポットから注がれる熱湯で洗面所中が湯

気でもうもうとなる。蒸し終えると素早く両手に伸ばしたポマードをつけてから、柘植櫛で分け目を入れ、とかしつける。気になる所があると、丹頂チックでほんの少し補修をする。これで完了。ものの十五分ほどである。

首尾良く終えると母に、

「ご苦労さん！」

と言って、私の頭をポンと軽くたたいてから二階へあがって着替えをする。

父は決して着道楽ではなかった。しかし、常に人前に出る仕事柄、手入れの良く行き届いたきちんとした身なりをするよう心がけていたようである。母や私に対しても常日頃から派手で目立った服装はしないように、誰が見ても清潔できちんとしている服装を心がけなさいと言っていた。

靴も同様で、同居していた数人の書生の朝一番の仕事はまず、父の靴磨き、朝刊の取り込み、玄関と庭の掃除であった。

服装に関しては、まず前日に母が秘書から手渡されていた日程表にふさわしい背広を手入れして、寝室のハンガーにかけておく。ネクタイは多くの中から父が自分で選ぶ。ところが父の着替えには二つの難題があった。

まず一つ目はワイシャツ。洗濯屋から届いたワイシャツの糊のつけ具合が少しでも甘いと、袖を通したとたん、ポイッと畳の上へ脱ぎ捨てる。

「次、次！」

と言ってワイシャツに文句をつける。

「洗濯屋に糊づけをしっかりするようにお手伝いに強く言わせなさい！　何度言ったらわかるんだ！」

と怒鳴る。一日中同じワイシャツを着ている仕事柄、襟元が緩んだり乱れたりすることをとても嫌っていたのだ。

汗かきな体質であったこともあって、真っ白いワイシャツはあくまでも白く、通気性に優れ、絶対シワにならない素材でなくてはならなかった。しかし、汗をかいてもシワにならないワイシャツ生地を探すことは、母にとって並大抵ではなかった。

肌すべりを良くするために、お手伝いたちは下着類にすべてアイロンをかけていた。父の死後、あまりにもフワリと軽く手触りの良い冬の下着をちょっとだけ試しに着てみたことがある。その軽さと温かさには舌を巻いた。

コート類なども、色やデザインは普通に見える物であっても着心地は最高。あれが真のお洒落というものなのかもしれない。

二つ目の難題は、背広の上着にある七つの収納ポケットに関してである。

前日に自分が入れたメモや名刺類は、ハンカチやチリ紙とは別にそれぞれのポケットに自分だけがわかるように仕舞ってある。翌日の仕事に支障をきたすので、妻といえどもそれらを絶対に移動してはならない。特に国会答弁用の数字などを記したメモ書きを、うっかり違う別のポケットに入れ替えたりしたら大目玉である。


毎朝、仕事に出る前のピリピリとした緊張感たるや尋常ではなく、それに黙ってつき従っていた母の苦労も尋常ではなかった。自分は将来、絶対こんなに手のかかる男の世話はしたくないものだと子供心に思いつつ毎朝眺めていた。

朝食後、新聞に目を通してから仕事へと出掛けていく父の後ろ姿を私たち家族や秘書、書生、お手伝いたちは玄関に勢ぞろいして頭を下げて見送った。さながら〝殿、ご出陣！〟といった光景であった。

時は下って、昭和四十四（一九六九）年、私は日本鋼管の社員であった鈴木直紀氏と結婚した。九州での新婚旅行の朝のこと。ホテルの洗面所の方から「ジー、ジー」という虫の声が聞こえてきた。窓から蟬《せみ》かアブが飛び込んだに違いないと思った私は、音のする方へソロリソロリと近づいた。

洗面所のドアから顔を出した直紀氏は、へっぴり腰で片手に丸めた新聞紙を握りしめている私の姿を見て訝《いぶか》しげな顔をした。

「蟬？　アブ？」

とたずねた私を見て、彼は、

「はあっ？」

と答えた。その右手には角張った金属製の物が握られており、不審な音の正体は電気剃刀であったことが判明した。結婚するまで私は、電気剃刀なるシロモノを見たことは一度もなかった。

我が両親がいかに古典的な生活様式を取り入れていたかを、この一件からもわかろうというものである。

# 第二章　お嬢さん——独身時代

# ニューヨークの秋から北京の秋へ

「お前には、世界中を見せてあげよう、それがお父さんの夢だ」

これが大昔からの父の口癖であり、幼い頃から漠然とながら、しかし確実に実現するであろうこととして私は受けとめていた。物心ついた頃から呪文のように繰り返し繰り返し、力強く語りかけられたこの言葉は、私の心の中で〝外界〟というものに対する好奇心をかりたてた。

それはまさしく、私自身の夢となり、未知との遭遇に備えて、なんとなくいつでも心の準備をしているような少女に私を仕立てあげたといっても過言ではない。

今でこそ航空機が世界の空を飛び交い、言葉に不自由もせずに、誰もがお手軽な団体旅行を楽しめる時代となったが、戦後経済の復興期に聞いた〝世界〟という言葉は、まったく新鮮そのものであった。デパートに行けば、それこそ世界中の商品が並び、テレビや新聞のニュースを見れば、ほぼ瞬時に外国で起こっている出来事を知り、共通体験ができる現代においては、珍しい物事がなくなりつつあり、驚きと感激が減少している。当時の日本は物質的に恵まれてはいなかったが、想像力を働かせ、努力とチャンスによって夢を実現し、心の底から満足するという精神的な充足感を得ることができた。そうした時代背景のなかで我が子の心に夢を与え、しかもその夢を立派に実現してみせてくれた父親の存在と、そうした理想と行動力を持つ夫に全幅の信頼を寄せていた母親を持ったことは、私にとって最大の幸せである。

有言実行の親を持っているということは、私の誇りであり、信頼と感謝の源泉でもある。ところが、あいにく私自身はきわめてチャランポランのアチャラカ人間である。ここに、その証拠が残っている。

ワシントンでの秋のＩＭＦ（国際通貨基金）総会終了後は、場所をニューヨークに移して、ロックフェラー家主催のランチョン・パーティーが開かれることが恒例になっていた。

ニューヨーク郊外の、ポカンティコ・ヒルズにあるロックフェラー家の大邸宅へは私も二回ほど招待されたことがある。当時、私はフィラデルフィアの私立学校に留学中であり、一度は父とともに日本大使館差し回しの車で訪問し、二度目は勝手もわかっていたので、ニューヨーク市内から一人でタクシーを拾い、ロックフェラー家へうかがった。

ニューヨークのタクシーは世界中でその悪名が高いが、東洋人の女学生がたった一人でタクシーに乗り込み、

「ポカンティコ・ヒルズへ行ってください」

と言ったので、運転手さんは後ろを振り向いて、

「アンタ馬鹿か？　そこは誰の家か知っているのか？」

と聞いてきた。もちろん、ロックフェラー家のある所だし、私はこれから、ジョン・D・ロックフェラー三世やチェース・マンハッタン銀行のデイヴィッド・ロックフェラー頭取に会いに行くのだと返事をした。すると運ちゃんは頭でもおかしいのかと言って、自分こそ頭でもおかしいような顔をしてゲラゲラと大笑いをした。文句を言っても哀願しても、彼は時間とガソリンの無駄遣いだと言ってなかなか車を動かそうとはしない。約束の時間もきていたので仕方がなく、チップを弾むからという私の条件を聞いて、彼は渋々エンジンのスイッチを入れたのである。こんな東洋の小娘が大富豪の家へ行くなんてホンマかいなといった表情で、時々バックミラーで私の様子を観察していた。

広大な敷地のまわりは有刺鉄線が張りめぐらされており、中の様子などは到底、窺《うかが》い知ることはできない。ちょうど、那須の御用邸に似た外観であった。中には幾棟も

の建物やプールはもちろん、馬場まであって、建物から建物までは自家用車で移動するほどの広さだと、運ちゃんはさも自分が見たことでもあるかのように自慢げに噂話をしていた。

ようやく正面の門に辿《たど》り着いた時には、彼のほうが変におじけづいてしまい、なかなか中に入っていこうとしない。私に促されてお屋敷内に車を進めたところ、すでに宴は始まっており、黒塗りの高級車がズラリと並んで、帽子を被《かぶ》った運転手たちが立ち話をしていた。そんなところへ黄色いタクシーで乗りつけた私もちょっと気がひけたが、彼のほうはもっと当惑したらしく、運転席から飛び降りるやいなや、後部座席のドアを恭《うやうや》しく開けて深々と私に頭を下げた。

「どうぞ楽しい時を過ごしてください。ヤング・レイディ」

と、ど緊張した面持ちで挨拶してくれたのである。

この種のパーティーの招待者は本人に限られており、母の代理という名目の私は、父の通訳をすることが仕事であった。ところが、好奇心旺盛なティーンエイジの娘にとって、人の会話の橋渡しをするなんておもしろくもおかしくもない。世の中、自分が見たいもの、知りたいことが山ほどある。それに父の会話ときたら、意味がチンプンカンプンな専門用語がどんどん飛び出すし、おまけに何兆円だの大正何年だのといったドルや西暦に変換が必要な数字、そして尺貫法までもが機関銃のような速さでうち出されてくる。ただでさえ数字が苦手な私のような者が、正確な通訳などできようはずもない。おまけに父は故事成語、格言なども縦横無尽に駆使するので、私の頭の回路は混線し、あっという間にパンクする。

「両鳳連飛《りようほうれんぴ》で結構ですなあ」などと父が言うと、その音が耳に残っても、漢字としてのイメージがさっぱり頭に浮かんでこない。両方便秘？　利用法連記？　インプットされた語彙《ごい》不足のワードプロセッサーみたいに、私の頭の中は限られた漢字の珍妙な組み合わせが点滅する。英語の習得もままならないが、日本語の難解さに直面すると、まったくの自己嫌悪に陥る。

寛《くつろ》いだパーティーの席とはいえ、日本の大臣としての父の発言の意味や内容を正確に相手に伝えることができないのなら、いっそ通訳などいないほうがいいと私は考えた。そこで、気の毒ながら父のことは放り出して、私は広い会場をひたすら一人歩きすることにした。

ロックフェラー三世夫人やファースト・ボストン証券会社のウッズ会長夫人らとお喋《しやべ》りをしている時に、品の良い長身の男性から声をかけられた。私がフィラデルフィアのクェーカー教の高校へ留学している日本人で、アメリカの大学入学も志望していると知ると、その男性はたいそう熱心に、カレッジ・ボード試験と呼ばれる、全米の高校生を対象とした大学入試前の一律テストを受けたかとたずねられた。もちろん、そのテストも受けたし、具体的には第一志望のヴァッサー・カレッジという名門女子大学も卒業生の案内で見学したし、第二の希望校として、コーネル大学も受験したいと考えているところだとお答えした。すると紳士はさらに熱心になり、なぜコーネル大学がいいと思うのか、何を専門に勉強したいのかと根掘り葉掘りたずねてきた。そして最後に、

「あなたはコーネル大学に入れると思いますか?」

とおっしゃったので、

「まったく自信がありません」

と答えたところ、

「たぶん、あなたなら大丈夫でしょう」

とにこやかに、自信たっぷりに言われたので、この人、悪酔いでもして無責任に私をからかっているのではないかと思い、

「どうして、あなたにそんなことがわかるのですか?」

と私は少々憤慨して発言した。すると紳士は、

「たった今、あなたはコーネル大学の学長本人による面接試験を受けたからですよ！」

と言って、ウインクしたのである。傍らのウッズ夫人は、

「マア、おめでとう！」

と大仰に喜んでくださったが、私は腰が抜けた。

そんな印象深い体験もあったロックフェラー家でのパーティーだったが、その時の様子を父は『大臣日記』（新潟日報事業社）という自らの著書のなかで、次のように記している。


私は娘に対して、きょうは通訳がおらんのだから、お前はお父さんの通訳としての責務を果たさなくてはいけないと、きつく申し渡しておいた。ところが、娘は親のいうことを聞かず、すぐ私のそばを離れて、遠くの席で夫人方とペチャクチャしゃべっている。この時はつくづく「人を頼ってはいけない」と思った。

しかし〝捨てる神あれば、助ける神あり〟というが、困っている私を見て、チェイスマンハッタン銀行のラムネック氏がほとんど私に付きっきりで、なにくれとなくめんどうをみてくれた。私は遠くの方でよその奥さんたちと楽しそうに話を

している娘を見ながら、〝遠くの親せきよりも近くの他人〟ということわざを身にしみて感じた。……

今読み返してみると、親の心子知らずで誠に申し訳ないが、私とて前述のような理由があって一人歩きをしたのであって、いわば、溢《あふ》れんばかりの父の器量は荷が重すぎたということなのである。

もっとも、この時の苦い経験は、後に父が世界各国との資源エネルギー外交や、ソ連との北方領土問題交渉、日中国交回復等々の外交の場で輝かしい実績を残すことに大いに役立った面があると、ささやかながら私は自負している。すなわち、父は通訳というものの重要性を強く認識し、人選にはたいそう気を配るようになったのである。外務省幹部や秘書官に、よく勉強していて、しっかりした魂のある男を通訳につけてくれよ、としばしば注文をつけていた。そして、会談の最中でも、

「君、数字のケタを間違えんで訳してくれよ」

とか、

「これから言うことは大切だ。あわてんでいいから、私の発言を充分にメモしてから、

力を込めて訳してくれたまえ」

などと注意を与えていた場面を幾度も目撃している。

自分の主張を明確に相手方に伝えるためには、細心の注意と、万全の対策を取ったのである。外交の場における父は、決して〝せっかち角さん〟や〝わかったの角さん〟ではなく、いつも落ち着いて粘り強く堂々としていた。稀《まれ》に、

「今日の通訳は心もとなくてイライラした」

とか、

「政治家の話は一本調子で訳しちゃダメなんだ！」

と言うので、その理由を問うと、相手の発言や反応を見ればそんなことはすぐにこちらにわかるんだとこわい顔で睨《にら》まれたことがある。父は動物的というか、天性の鋭い勘の持ち主でもある。議論が熱を帯びて、言葉の壁などみじんも感じさせないような会談の後の父は、誠に〝良い顔〟をしていた。本領が発揮できた証拠である。大声で力強い父の発言が始まると、相手国の首脳は、その発言を細大もらさず聞きとろうとするかの如く、粛《しゆく》として視線を集中する。まるで相手が日本語そのものを理解しているような錯覚にとらわれる場面もあった。

残念ながら、父の訪中と南米訪問および豪州訪問には妊娠中のため同行できなかっ

た。しかし昭和六十二（一九八七）年九月に主人と宿願であった訪中を果たした際に、終始私どもの世話をしてくださった王効賢女史から、何物にもかえ難いお土産話をうかがった。女史は田中・毛沢東会談や周恩来首相との通訳をなさった方で、生きた歴史の証人である。東洋の巨人と呼ばれた毛主席や大人物、周首相との出会いの瞬間から緊迫した会談でのやり取り、中国側の反応等々の秘話を話してくださった。そして、「田中首相の溢れんばかりの熱意と真剣さ、率直で説得力のある演説、そして圧倒的な人間的魅力がそのままストレートに中国側に伝わったのです。お父様は中国人民にとってとても大切な方です。どうか、お父様を大切にしてさし上げてください」とおっしゃられた時、脳梗塞《こうそく》から回復し、自宅でリハビリテーションに励む父が不自由な言語をもって精一杯、万感の思いを込めて、私たち夫婦の初訪中を見送ってくれた出発の朝を想い出し、私は思わず落涙した。

十代の小娘であった私のようなお転婆を通訳にして、すっかり困惑しきっていたニューヨークのロックフェラー邸での父は、当時四十四歳。そして王効賢女史のような名通訳を得て、水を得た魚のように本領を発揮した北京の父は、五十四歳になっていたのである。

## 党人派と官僚派

世間ではポスト佐藤栄作の自民党総裁選を争った福田赳夫氏は父のライバルと評されたが、父の口からそのようなことを聞いた覚えはない。しかし父は常々、

「官僚というのは頭が硬いね！　彼らは応用問題が不得手だ。しかし一度理解すると話は早い。使い手が上手に指導さえすればよく機能する。要はこちらの器量の問題だ！」

と口癖のように言っていた。己と相手の能力、特性を俯瞰《ふかん》的に把握して、人間関係を結ぶことの重要性をよく認識していたようである。父の頭脳の回転の速さと、生来の集中力と直感力は、一度一緒に仕事をやってみると官僚たちから絶大な支持を得て、大きな仕事を推進し、完遂させるパワーとなったと思料する。

五十五年体制当時の与党自民党の政治家は、主として〝党人派〟と〝官僚派〟に大別できた。官僚派とは、主に東京大学卒業後、中央官庁の次官なり局長を経て政界入

りした政治家を指す。戦後の政界では吉田茂、芦田均、岸信介《のぶすけ》、池田勇人、佐藤栄作氏らがその代表格である。他方、党人派は私学出身で、マスコミやビジネス界出身者が多く大野伴睦《ばんぼく》、三木武吉《ぶきち》、河野一郎、広川弘禅氏らの個性派がおられ、父ももちろん党人派である。党内の実力者でありながらも、その多くは与党の総裁総理には届かないというのが党人派の宿痾《しゅくあ》とも言われた。

父の初入閣をめぐってこんな出来事があった。昭和三十二（一九五七）年、岸首相は、

「田中君には色々無理を言って仕事をやってもらった。君を必ず初入閣させる」

と人前で公言していたが、実際には約束を反故《ほご》にしようとした。父は、

「自分は若いからいつか大臣にはなれる」

と意に介していなかったようである。事実、当時から入閣適齢期になるとまわりがソワソワして、本人や家族は皇居での認証式用にモーニングや夫人の晴れ着を用意して今か今かとその時を待っているのが慣習であった。しかし、当時我が家ではそんな様子はみじんもなかった。

ところが、岸氏の発言を周辺で聞いていた党人派の筆頭格であった河野一郎氏が激怒した。河野氏は、

「角さん、一緒に来い！」

と言って若い父を伴って岸氏に直談判したのである。人情の機微に通じる河野氏の怒りは大きく、

「お前、若い政治家をさんざん利用しておきながら閣外に外す気か！　これでは有言不実行、不誠実の極み！　信用ならん！」

と岸氏に迫ったそうである。

この時のやり取りは帰宅した父が茶の間で、

「おーい、モーニング！　モーニング！」

と叫びながら、身ぶり手ぶりを交えて話してくれたものである。

「あら、モーニングは何処へ仕舞ったかしら……」

と母はのんびりしたものであった。

河野一郎氏の逆鱗《げきりん》に触れた岸氏はおそれをなしたのか、止むなく父を入閣させた。そんな経緯があったからかどうか、第一次岸改造内閣の認証式後の記念写真を見ると父は赤絨毯《じゅうたん》から外れた右側の隅っこで遠慮がちに写真に収まっている。戦後一番若く東大卒でもない三十九歳の郵政大臣の誕生に世間は沸き返った。その後も河野氏は、

「約束を違えようとした岸という人間は絶対に信用してはならない」

と公言して憚《はばか》らなかった。

時代は下り、岸信介氏の孫にあたる安倍晋三内閣（第三次・第一次改造）では、河野一郎氏の孫である太郎氏が入閣した。過去を知る者としては誠に興味深いものがある。

次に同じく官僚派として七年八カ月もの長期政権を維持した佐藤栄作元首相と父との関係も、内実は誠に微妙であった。

佐藤氏は岸信介氏の実弟であり、長期政権維持に際しては、表と裏の両面で父の力を頼りとしていた。表舞台では、父は主要経済閣僚や党政調会長、幹事長などを歴任した。しかし、この人選は佐藤氏のオリジナル・アイディアでは決してなく、佐藤氏の前任者である池田勇人首相が父をことのほか高く評価して弱冠四十四歳で大蔵大臣に登用してくれた。それを引き継いだだけの人事であったと理解している。

興味深いことには池田・佐藤両夫人は共にご主人が総理大臣在職中にためらうことなく、盆暮れには必ず目白台の拙宅へご挨拶に見えていた。池田満江夫人と母はかなり気が合っていた様子で、いつも笑い声が応接間から聞こえていた。一方、佐藤寛子夫人は母への帯、私への振袖、置物など高級品をいつも届けてくださった。母は受け取るべきかどうかいたく恐縮していた。〝総理大臣というのはお金持ちなんだなあ〟と私は内心不思議に思っていた。

その佐藤夫人は自民党総裁選挙ともなると、あたかも当然なことのように母に対して（娘の私がいる前で）ご主人の票固めや資金提供のお願いを田中先生へ伝えてほしいと平然と述べられた。〝出世する役人の奥様ともなるとここまでやるものか！　アッパレ！　アッパレ！〟と半ば感心し、呆《あき》れもした。

その佐藤氏ご本人が拙宅へ見えたことが一度だけある。沖縄返還や非核三原則の政策などによりノーベル平和賞を受賞された後のことである。奥様と一緒にお見えになった元首相は、ケースに納められたメダルを応接間のテーブルに置いてから、

「この度は有難う。本当にどうも有難う！」

とうれしそうな笑顔を父と母へ向けられた。

「いやぁ、本当に良かったですなぁ」

と父は落ち着いて応対していた。本来ならばこちらがお祝いに出向くはずのところ、受賞されたご本人が、わざわざ挨拶に来られるとは妙なことだと私は感じた。

ポスト佐藤のいわゆる角福戦争の時は、政界はもとより世間でも〝佐藤派の代貸〟あるいは〝佐藤首相の懐刀〟と認識されていた自派の父ではなく、岸派の直系、福田赳夫氏を佐藤首相は推挙した。あの時の父の落胆ぶりと悲しみは、はたから見ていて

も想像するに余りあるものがあった。〝三角大福〟と言われた総裁選の結末は決選投票の結果、父の勝利となった。今私の手元に、あの日の日比谷公会堂で第六十四代自民党総裁に選出された父が右手を高く挙げて場内の歓呼に応えている写真がある。そこに写っている岸、佐藤両氏は苦虫を嚙み潰したような表情をしている。

当時の福田派関係者からは数十年も時が経った現在も、〝福田は田中の金権選挙に負けた〟というグチが聞かれる。しかし、当時の新聞やメディアでは、平議員たちが〝ニッカ、サントリー、オールドパー〟などと言って三角大福すべての派閥を回っていたという情報がまことしやかに流されていた。当時の状況からして決して田中派だけがお金を使ったとは思えない。むしろ日頃から幅広い人間づき合いをしていた父と議員たちとの信頼関係が究極には雌雄を決したのだと思う。

前述の河野一郎氏の件も、人としての義憤が岸氏を諫《いさ》めたものであり、すべての事柄が派閥次元やお金だけで決められることではないという証左である。

次に、池田勇人元首相と父との関係についても少々述べてみたい。池田首相は大蔵省OBではあったが、京都大学出身でいわば当時の霞が関の本流ではなかったらしい。また、若い時に大病を患った経験を持つ苦労人であった。

早くから父とは肝胆相照らす仲であったらしく、また互いの趣味が〝庭造り〟であったこともあり、官邸から信濃町のご自宅への帰路、突然ルートを変更して目白台の拙宅へパトカー先導で立ち寄られたことがある。父が国会の雑談で、自宅に佐渡から赤石が運び込まれたとか、珍しい石灯籠《どうろう》があると自慢をしたとみえて、その〝品定め〟をして信濃町のご自宅の物と比べてみたいと思われたらしい。それはすぐに実行に移された。突然のことに我が家はテンヤワンヤの大騒ぎとなり、にわか仕立てで首相閣下をお出迎えすることとなった。〝ヤレ、竹箒ではき掃除〟、〝ヤレ、水を撒け〟、お茶菓子の用意、髪をとかして身仕度をと走り回っているうちに、パトカー先導の先方はたちまち到着してしまう。そんな時に限って父は国会答弁とやらで帰宅はできない。池田首相は到着早々、お茶も飲まずに警護官を伴って庭の方へドンドン入ってこられ、

「奥さん、角さん自慢の石はどれですか？」

「灯籠は？」

とたたみ込むようにたずねられた。あわてた母が庭下駄を左右間違えて履きそうになったこともある。

夕方帰宅した父は、

「オーイ、今日は池田総理は見えたかね?」

と玄関先で大声を出す。母が、

「急なお越しでテンテコマイ! とにかくひどい目に遭った」

とこぼしても父は、

「庭石や灯籠についてなんと言っていたか聞いているんだ!」

と先をせかす。母がそれどころではなかったとグダグダと女のグチを繰り返すと、決まって、

「マキ子も出迎えたのか? なんと言っておられたんだ?」

と単刀直入に聞いてくる。

「ウーン、どうもこれはワシの勝ちだナァ……、と言ってニヤニヤして帰られたわよ」

と手短に答えると、

「そうか! それじゃあ明日こちらが信濃町へ〝品定め〟に行くとしよう」

となる。

私は幼い頃からせっかちな父が何を求め、何を知りたがっているのかすぐに勘が働いた。それを簡潔に述べる術《すべ》も心得ていた。父と私は気が短いからこんなところは似た者同士。〝阿吽《あうん》の呼吸〟である。日頃も母や叔母たちがグダグダと似たような回り

くどい表現で会話を繰り返していると、せっかちな私は、

「これだから女は嫌なのよね！」

と言ってしまい、彼女たちから、

「女で悪ぅございましたね！　マコちゃんはいったいなんなの？　男かしら？」

と睨《にら》み返されて反撃を食らう羽目となったこともしばしばである。女という生き物は嫌味や皮肉を言う時は妙にハッキリわかりやすく言うので私は苦手である。

池田元首相亡き後、信濃町のお屋敷はアパートに建て替えられることとなった。満江未亡人は、当時の「宏池会（旧池田派）」には前尾繁三郎氏や大平正芳氏ら実力者がおられたにもかかわらず、なぜか父に連帯保証人になってくれるよう懇願された。父はかつてお世話になった池田首相のご恩に報いるために無条件で引き受けたことは言うまでもない。〝人が困っている時には、できるだけのことはしなさい〟〝感謝を忘れさえしなければおそれるものは何もない〟と常々両親から言われていた私は、満江夫人が差し出された書類に、なんら条件もつけず連帯保証人の欄に淡々と実印をつく父の姿を黙って見ていた。

次いで、党人派河野氏とのエピソードについても少々触れてみたい。

河野派は「春秋会」と呼ばれ、桜内義雄、中曽根康弘、原健三郎氏らがメンバーの党人派閥であった。官僚出身の中曽根氏は春秋会の中では異色であった。

中曽根氏は父と同じ大正七（一九一八）年生まれ。衆議院同期当選組である。享年七十五歳で入寂した父に比べ、氏は九十八歳を超えた現在も目白台の我が家近くでお元気に暮らしておられるらしい。

この河野派メンバーが、私がアメリカ・フィラデルフィアの高校に留学中になんらかの視察目的で訪米されたことがあり、私もお目にかかった。当時子息の洋平氏は、サンフランシスコの大学に留学したばかりで、ワシントンで私をご尊父一郎氏に引き合わせてくれた。小柄ででっぷりとした体軀に浴衣姿の一郎氏は、いかにも党人派閥のボスといった雰囲気であった。

「あんたが角さんの娘さんか。日本からトランジスターラジオやお土産を持ってきている。アメリカ人の知り合いにあげたければ洋平から貰っていきなさい」

と言われたが、私は、

「結構です。そういう物はすでに父が持たせてくれています」

と答えると、ジロリと目をむいて、

「あんたは物をほしがらんなあ」

と言われた。その日の午後、私は洋平氏と二人でメトロライナー（アムトラック）列車に乗り込み、私はフィラデルフィアで下車し、洋平氏はそのまま終着駅のニューヨークへと向かわれた。あの頃の私は芳紀まさに十七歳。洋平氏は東京で大学を卒業後、総合商社に就職されたばかりと記憶している。

一人っ子の私は留学中も、夏休みには父母の厳命で日本に帰国していた。そうした折に洋平氏は、昆布数の子をお土産に携えて目白台の家へ遊びに見えたりもした。こうした経緯を新聞記者からの情報で入手されたらしい佐藤寛子夫人は、何を勘違いされたか父へ私の縁談を持ち込まれた。佐藤派の中心的存在であった父の一人娘が、万一ライバル派閥の河野一郎氏の子息と縁結びされたのではたまらないと考えたらしい。あの時、父は、

「よくもマァ、あの奥さんは気が回るねぇ」

と感心していた。その縁談の相手は霞が関の高級官僚であった。学業とアメリカでの生活に燃えていた私は、今から結婚などとんでもないと一笑に付した。

政治家になられてからの河野洋平氏は新自由クラブを結成され、田中金権政治批判を繰り広げた。しかし具体名は避けるとして、新自由クラブのコアメンバーの二人は裏口から夜になると父を訪問したりしていた。政界とは魑魅魍魎《ちみもうりょう》の世界である。

平成五（一九九三）年、私が衆議院に無所属で初当選した折に洋平氏から電話がかかり、

「どの委員会に所属したいのですか？　早くしないと無所属の人のポストはなくなるから」

ということであった。また村山富市内閣の科学技術庁長官に就任した際も、一番に電話をくださって、

「そのポストは将来重要なので頑張ってください。僕も科技庁長官経験者です」

と激励してくださった。次いで、小泉純一郎内閣の外務大臣に私が就任した時の前任者は偶然にも洋平氏であった。

初入閣の村山内閣での閣議の際に、全閣僚が署名をする書類が円卓上で回覧され、墨で署名後の花押を書く段になった。私の近くには、橋本龍伍《りようご》氏のご長男でしばしば拙宅へ見えて親しくしていた橋本龍太郎通産大臣がいらっしゃった。戸惑った私は、彼に気軽に、

「龍太郎大臣、どんな花押を書けばいいの？」

とたずねた。すると龍太郎大臣は半ばキッと睨みつけて、

「そんなことは河野に聞け！　そこに河野外務大臣がいるじゃないか」

とニベもなく答えられた。河野大臣は途方に暮れている私をチラリと見られたが、聞こえないふりをしていた。まったく頼りにならない意地悪なお兄さん方だと私はへこたれた。

この時分から洋平氏は私を見かけると所かまわず、

「パンチ！　パンチ！」

と言ってノックアウトするジェスチャーを示すようになった。

ある年の元日、松の間で天皇皇后両陛下に拝謁する際に、洋平氏はモーニング姿で、衆議院議長として皇居宮殿の長い廊下を閣僚らを引き連れて歩いておられた。すると河野議長は近くにいた私たち夫婦を目ざとく見つけるなり、〝パンチ！　パンチ！〟を繰り出した。傍らにいた主人は言うにしかず、行列にいた閣僚たちも目を丸くした。

つい先日、平成二十八（二〇一六）年暮れの「日本鳥類保護連盟」の総会でも私たち夫婦の姿を見つけるなり〝パンチ！　パンチ！〟を繰り出してニヤニヤしていた。私は、

「洋ブー！　いったいいくつになったのよ！」

と言い返したが、知らんぷりして主人に、

「この娘《こ》は相変わらず減らず口をたたくねえ」

と自分のことは棚にあげて話しかけていた。毎度のことなので、主人は幼稚な兄妹のジャレ合いがまた始まったとでも思って澄ましていた。

私が民主党に移籍した後、議員となった洋平氏の長男太郎君は、本会議場で私を見かけるとわざわざ歩み寄ってきて、

「近頃おやじは退屈しているようです。マッコさん、遊んでやってくださいよ！」

と言ったりした。私もそんな太郎ちゃんがかわいくて、つい、

「わかりました」

と答えていた。

どうもあの父子は人をからかうことを趣味としているらしい。

## 構想力と先見性

父は、卓越した「構想力」と頭脳を武器に、夢や理想を現実のものにしようとした政治家であった。その思考には明確な世界観や国家観があった。これは持って生まれた才能であろう。

郵政大臣、党幹事長、党政調会長、大蔵大臣、通商産業大臣、内閣総理大臣と要職を経験してきた父は、どんなポストにあっても常に最善を尽くしていた。どの仕事にも全力でぶつかり、国の行方はどうあるべきか、世界中の一人でも多くの人が平和で幸せな人生を全うするために政治は何を為すべきかを考え続けていた。個人や限られた地域のみの利益追求という狭量な目的ではなく、常に壮大なグランドデザインを描いていたといえる。

強く揺るぎない信念があったからこそ、さまざまな法律を生み出し、政策を確実に実行していったのだと思う。

それを如実に示しているのが議員立法である。

昭和二十二（一九四七）年の初当選以降、戦後復興への思いから父は議員立法に情熱を傾けた。昭和二十五年四月に一級建築士の資格を取得したのは三十二歳の時である。それ以来、数多くの土木建築業の現場に精通していたこともあって、建築士法、住宅金融公庫法、公営住宅法を次々にうち出した。やがて、昭和四十（一九六五）年十一月に「全国治水砂防協会」の四代目会長に就任し、全国津々浦々の我が国土に関する情報を探る立場となった。爾来、内閣総理大臣就任に伴って、昭和四十七年七月七日に会長職を退くまで戦争によって荒廃した国土再建のために奔走し、英知を結集して議員立法へつなげている。ダム法、道路法、港湾法、河川法等、基礎的新法を生み出した。次いで、日本が高度経済成長期に差し掛かると、高速道路法、新幹線整備法、地域開発法等々の社会基盤整備を促す法律を施行した。

いずれも〝次なる日本〟を思い描いた法律ばかりである。父には「この国をどうしたいか」という具体的な夢があって、それに現実を近づけるために法律をつくって国の全体を見えるかたちに変えていくことが、政治家の使命であると確信していた。結果として彼は見事にそれを具現化した政治家であったといえる。

「ポストに就いたら仕事をしなくてはイカン！」

「お父さんは単なるお飾りや名誉職に就く気は毛頭ない！」

というのが口癖であった。そして、

「国民の期待を背負い、それなりの給金をいただいている身ならあたり前のこと」

という強い自負があった。

議員生活四十二年間で単独提出三十三本、同僚議員との共同提出法案八十四本、合計百十七本という前人未踏の記録を残している。父は心底、政治を愛し、国民を信頼し、自らの職業に矜持《きようじ》を持っていた。


政治家と議員立法の関係について、父はある月刊誌でこんな持論を展開している。

戦後の政治家は行政に精通し、予算書が読めて、法律案文を修正することが政治だと錯覚に陥っているものが多い。それもいいが、国民各階層の個別的な利益を吸いあげ、それを十分に濾過したうえで、国民全体の利益に統合し、みずからの手で立法することにより政治や政策の方向を示すことこそ、政治家本来の機能であることを明確にしておきたいのである。（『中央公論』昭和四十二年六月号）

世間では立身出世や権力闘争に明け暮れていたかのような印象があるかもしれな

いが、実は昭和二十二（一九四七）年の初当選以来、議員立法に政治生命をかけていた政治家だったのである。派閥抗争や権力闘争はいわゆる〝ポスト佐藤〟の自民党総裁選挙の頃からであると思う。

父にとっての法律づくりは戦後復興に向けた有力手段の一つであり、日本の将来像を描く試みそのものであった。「国家百年の大計」の見地から今振り返ってみても、驚くほど先が見える人物であったといえる。

とくに国内外の世情には、極めて敏感であった。

欧米でモータリゼーションが広がりを見せれば、いずれ日本にも到来すると予見して「自動車を走らせるには道路が要る」と思考を進めていく。道路を整備するには財源が要る。財源を捻出するには「ガソリンに税をかけて道路財源に充当すればよい」。その論を実現していくために、道路整備を担う新しい法律「道路整備費の財源等に関する臨時措置法」(通称・ガソリン税法)を生み出していく。

道路という社会資本の必要性を説きながら同時に財源を手当する。「入と出」を同時に考え出すのが父の真骨頂であった。とくに財源づくりに重きを置いたことが、単なる理想主義者とは一線を画すポイントといえるであろう。

道路特定財源であるガソリン税に対して大蔵省は、

「税金を特定の目的に使う特定財源は政府の予算編成権を拘束する。憲法違反だ」と当初は猛反発したという。運輸や石油業界もコスト増になるとしてこぞって反対した。援軍は全国に道路建設を進めたい建設省だけという状態であった。

意見が対立して反対派が多くを占める場合にあっても、自らの信念の下、反対派を説得して理解を促すことが政治家の使命である。

父は産業界に対して、

「道路が良くなれば自動車の利用が確実に増える。自動車が増えればガソリン使用量が増加して経済全体が活性化する。そうすればガソリン税が増えて道路はもっと良くなる」

と、わかりやすい好循環論を展開して納得させたと聞く。

一方で、徴収するガソリン税をそのまま歳入として一般会計に組み入れた後に、歳入相当額を道路特定財源として支出するというかたちを採ることによって、大蔵省の顔を立てることも忘れなかった。相手の立場をおもんぱかることで大蔵省をも納得させたのである。

紆余曲折を経てガソリン税法が成立したのは昭和二十八（一九五三）年七月。「道路は無料」という国民の固定観念を打ち破り、道路利用の多い人がより多くを負担する

「受益者負担」の概念を戦後の我が国に根づかせる一つのキッカケとなった。さらに、「いつまでも〝親方日の丸〟的な考え方をしていては進歩がない！」というのも口癖であった。安定財源を確保したことで長期的な成長投資を実現した。結果として日本は高度経済成長期に突入することになる。

戦後の日本経済の復興は改正道路法、有料道路法を加えた「道路三法」に拠る所が大きい。このアイディアや実際の法律づくりが、道路・港湾・鉄道・住宅といった後の公共事業の法的根幹となったといえる。そしてさらには「日本列島改造」の基盤にもなっていく。

時代を先読みするための情報収集と分析は、各省庁の高級官僚たちが競って父に提供していたと想像できる。父の壮大な国家観と天性の鋭い勘、責任感と行動力が官僚たちを鼓舞し、彼らの使命感に火をつけた。

父が議員立法に全精力を傾注していたあの頃のことは、家庭内の様子からも容易に想像がつく。当時、自宅と個人事務所は同じ敷地内にあり、公道へ出る門は一カ所しかなかった。したがって私たち家族が目白通りへ出る際に、地元はもとより全国からの陳情客や役人たち等見知らぬ客人に会うと、いちいち頭を下げて挨拶をしなくてはならない毎日であった。

　また、当時の家の中は、書斎はもちろんのこと父母の寝室には常に書類や書籍が山と積まれていた。役所や地方公共団体の名前のついた袋入りの統計表やグラフ、詳細な地図や図面などが主であった。早朝に玄関で会う役人は資料の入った紫色の重そうな風呂敷包みを誰もが抱えていた。「やあ、お嬢さん、おはようございます」とか「こちらはお孫さんですか？」などと必ず声をかけられた。私としては自宅に居ながらいつも社会の流れがドンドン流れ込んできているようで、なんともいえない鬱陶《うっとう》しさを感じていた。ある時父に、

「ここは自宅なのか、駅の構内なのかさっぱりわからない！」

　と口をとがらせて抗議すると、父はカラカラ笑って受け流していた。しかし母だけはこの時とばかり、

「まったくマコちゃんの言う通り。なんとかしてくださいよ！」

　と大いに私の援護射撃をしてくれた。とにかく父が寸暇を惜しんで朝早くから精力的に仕事に励んでいたことは間違いない。

　後年、私が議員になってから接するようになった政治家や役人たちから、

「お孫さんたちはずいぶん大きくなられたでしょうね」

と懐かしそうに声をかけられることがしばしばあった。

ネット化が進んだ二十一世紀の今日では想像もつかないような、いわばアナログ的人海戦術の陳情風景であった。

# 口癖

今や世界中で「ツイッター（Twitter）」流行《ばや》りである。

父が元気な頃は、もちろんこの世にそんなものは存在していなかった。ツイッター（小鳥のさえずり）を「つぶやき」あるいは「独り言」または「口癖」と訳してみるならば、父のツイートは次のようになる筈である。

「吾輩は、百年早く生まれてきてしまったのかナァ」
「どうして世間にはわからないのだろう……」
「お父さんは、本当は文学者になりたかったんだ。作家ネ」
「吾輩は、モテるのである！」

初めの二つは、大蔵大臣在職中に国際通貨問題に直面して、円切り上げと変動相場制移行期に、対米交渉と国会の予算委員会でのやり取りに苦慮していた時期によくつぶやいていた。さらに、『日本列島改造論』発表後に地価高騰などのリバウンド現象が起こったりして、政策上の困難が生じた時にしばしばつぶやいていたものである。ちょっと小首を傾げて、困ったような顔をしていた様子が懐かしい。

後の二つは、心に余裕のできた時に、ちょっとふざけて言うセリフであったが、四つ目は、ふざけているように見えてかなり真顔であった点が、娘としてはなはだ怪しい。

三つ目の作家志望については納得がゆく。

父は日常的に書に親しんでいた。夜は床の中で書類に目を通し、疲れるとよく本を読んでいた。また、大切な意見を発表する時には、他人《ひと》任せにはせず、必ず自らペンをとっていた。また、昔読んだ本や文章もかなり詳しく暗誦していたから、作家志望もあり得ないことではなかったと思う。

家で私と議論した事柄や私からの質問への回答は、あの忙しい日常のなかでも、必ずメモ書きにして役所や国会から、わざわざ秘書官にその日のうちに持たせてくれた。また、朝起きると私の部屋の前の廊下に「マキ子殿」と上書きした白い封筒がしばしば置いてあった。前日の議論がよほど癪《しやく》に障ったのかどうか理由はわからないが、とにかく夜中に起き出して書いていたらしかった。したがって、これらを総合的に勘案すると、作家志望は首肯できる。

作家といえば、私が個人的にご縁があったのは遠藤周作氏と三島由紀夫氏である。遠藤氏と初めてお会いしたのは、ある雑誌での対談。当時、早稲田大学の部活動で演劇をやっており、対談中に、

「何しろ大根なもので……」

となにげなく言った私の言葉じりをとらえて、

「何を言っているんだ。学生の分際で！　大根役者というのはプロが使う言葉だ！　プロが！」

と大真面目に反論された。そしてあろうことか、日頃、遠藤氏が懇意にされていた福田恆存《つねあり》先生が主宰する「劇団雲」を紹介するから、プロの勉強をしなさいとおっしゃった。

私はひどく動揺したので、帰宅後すぐに両親へ報告しておいた。二人ともまさかと思っていたらしいのだが、別の機会に、今度は遠藤氏と私たち父娘の鼎談があった。席上、遠藤氏はのっけから、

「お嬢さんは学生劇団で遊んでいるらしい。プロで勉強したほうが良いから、『劇団雲』の芥川比呂志氏にすでにそのことを伝えてある」

と切り出した。突然のことで、父はかなり本気で怒り出し、

「劇団だの、女優だのとはけしからん！　そもそも私の子供の頃は、河原乞食と呼ぶ人もあって……」

と父が話し出すと、遠藤氏はその発言を遮って、

「国会議員ともあろう人が、芸術に対する認識がその程度とはけしからん！」

と猛反撃された。結局、この対談は盛り上がりに欠け、〝けしからん！　けしからん！〟で終わってしまったように記憶している。

しかし結果として〝漁夫の利〟と言うべきか、私は早大在学後半には劇団雲の研究生となった。


次に三島由紀夫氏とは、彼の奥様の妹さんと私が親しい友達だったという個人的なご縁がある。妹さんの婚礼で私がやらせていただいたスピーチを、誠に光栄なことながら、三島氏が絶賛しておられたと挙式後に御親族からうかがったことがある。

その彼女と私が赤坂でちょっと遊んでいた折に、三島氏も急に合流されることになった。有名作家の登場に面食らったが、

「あなた方をおもしろいところへ案内してあげましょう」

と言って、当時流行り始めたばかりの「ムゲン（MUGEN）」というゴーゴークラブへ案内してくださった。三人でメチャクチャ踊った帰りに、近くの「ルノアール」という喫茶店でお茶を飲んだ。小さなテーブルを挟んで間近に座った三島氏に、当時若かった私は何か気の利いた質問の一つでもしなければならないと思い立ち、

「現在、何を執筆されているのですか」

とたずねてみた。すると、おしぼりで顔や首筋を無造作に拭いながら、

「あ、ライオンのテラスです」

とおっしゃった。

「ライオン？」

と聞き返すと、

「えぇ、ライオンのテラスです」

と真面目な顔つきでハッキリと答えられた。メチャクチャ踊った疲れもあって、しばしボーっとしていると、突然、三島さんは、

「私と田中角榮さんはどこか似ていませんか？」

と質問された。言葉遣いはいかにも普通だったが、瞳が正面からじっと私を見据えていたことと、質問の意外性に驚いてあの時のことはなぜかよく記憶している。

帰宅は夜九時すぎになってしまった。娘の帰りが遅いと、両親はイライラしながら茶の間で待ち構えていた。

「三島由紀夫さんと遊んできた。三島さんがお父さんと自分はどこか似ていませんかと言われたわよ」

と報告すると、父はまともに私の顔を見ようともせず、

「そんなことはありません！　お父さんはもう寝ます！」

と言ってバタバタとスリッパの音を立てて二階へ上がってしまった。

「ライオンのテラス」については、後年、本屋さんの書架で三島由紀夫全集の中から『癩王《らいおう》のテラス』というタイトルを見つけた時には顔から火が出た。シマッタ、からかわれたか……。

数年前に同じ赤坂で『癩王のテラス』という芝居が公演され、誠に感慨深く鑑賞した。

若い頃には作家になりたかったと口癖のように言っていた父が、流行作家のイメージが強く、ご自分の写真集なども積極的に出版されていた三島氏のことを、当時どう感じていたのであろうか？

父が三島由紀夫文学を読んだという話は聞いたことはない。

三島氏が亡くなってから、瑤子未亡人と二人で北海道へ日帰りで旅行したことがある。瑤子夫人は日本画家である杉山寧《やすし》氏の長女であり、ご実家は目白台の我が家から歩いて数分の所にあった。そんなご縁もあって、瑤子夫人をはじめ、杉山家と我が家との交流は誠に緊密であった。

機内で、かつて赤坂で三島氏が私におっしゃった言葉を瑤子夫人に伝えたところ、「ライオンのテラス」の件は、

「あの人らしいわね」

と言ってニッコリされた。次いで、父とのことについては、

「二人とも潔癖。完璧主義者なところが似ているのではないかしら」

との答えであった。

# 第三章

## 奥さん――結婚後

# スピーチ

政治家という職業は、後援会でのミニ集会をはじめとして、国会での質疑応答や街頭演説など公の場でスピーチをする機会が多い。〝演説力は政治家の命〟と言われる所以《ゆえん》である。

私も企業など諸団体の会合や大学での講義など、千人規模のハコもの（構造物の中でのスピーチを業界用語でこう呼ぶ）をこなしたことも数多くある。また、選挙応援で宣伝カーの上で両手に持ちきれないほどの数のマイクを握りしめて、それこそ足を踏ん張って、ズラリと居並ぶマスコミのカメラの放列の前で不特定多数の聴衆に向かって街頭演説をした経験も多い。そのほかに冠婚葬祭や各種式典など決まりきった場での急なご指名もこなしてきた。

今振り返ってみるに、生涯忘れられないスピーチがいくつかある。そのなかの一つに、私の結婚式でこともあろうに突然父が自ら進んで行ったものがある。

昭和四十四（一九六九）年四月。当時、日本鋼管（現ＪＦＥホールディングス）社員であった新郎鈴木直紀氏は弱冠二十八歳。官僚の家庭の三男坊としてのんびりと暮らしていた模様であった。お互いの家族は親族が少なかったこともあり、都内のホテルで静かで落ち着いた雰囲気のなかで神前結婚式を挙げた。引き続き行われた披露宴は、着席形式で小規模なものを私たちは希望していたのだが、当時の父の社会的な立場もあって政財官界からの多数の出席者に配慮して立食形式となった。時間を有効に使うということは父の人生の重要なモットーの一つであり、自分の時間はもちろんのこと、他人《ひと》をむやみに長時間拘束するべきではないというのが持論であった。着席形式でお客様が時間を気にしてモジモジしたり、時計をチラチラ見るようなことになっては申し訳ないという考え方であった。したがって、婚礼といえども客人同士が自由に交流し、軽い飲食後にはサッと退出できるということに父は強くこだわっていた。

そんな大宴会も終わりに近づいた頃、司会者にちょっと手を挙げてから、突然父がマイクの前にスタスタと歩み出た。いったい何事かとざわめく人々の前で父は恭《うやうや》しく来賓の方々へ頭を下げてからこう切り出した。

「花嫁の父がスピーチをするなどということは異例であることは充分心得ております。しかし、眞紀子の父親としてどうしても直紀君に言っておきたいことがあります」

と述べた。

〝これはいったいなんたること！　いったい全体何を言い出すやら……〟と、文金高島田に白無垢、打掛姿の私は大いに動揺した。

「私たち夫婦には正法《まさのり》という長男がおりましたが、仏法の名前負けをしたのか、幼くして肺炎で亡くなりました。眞紀子という名前は訓読みをすると『まさのり子』となります。年子の兄妹はとても仲良しで、まるで双子のようにして育ちました。今も私たち夫婦にとって痛恨の極みであります。長男の死後は、眞紀子をあえて女の子というよりも、田中家の跡取りとして男の子のように育ててきました。物事の判断を間違えず、どんな時にも責任を取れる人間として教育をしてきたつもりです。その点に関してはいささか自信があります。そこで今後、直紀君が眞紀子に対して料理や掃除など家事一切を普通の女性並みに求めてもらっては困るのであります。そういう教育はまるでしてありません。君が今後、家事などで不満がある時には、ウチの妻君やお手伝いさんをいくらでも派遣します」

この発言に会場はドッとどよめいた。花嫁姿の私は〝よりによってこんな時に何を言い出すやら……。失敬な奴め！〟と両手をかたく握りしめた。ところが続いて父の口からこんな言葉が飛び出した。

「もう一つだけつけ加えておきます。それはこの子は誰に似たのか大変口が達者であります」

この大真面目な断言口調に人々は遂にゲラゲラと声を出して笑い始めた。

「言わんでいいことをズバリと相手構わず言ってのけます。しかも困ったことにそれが結構的を射ているのであります。しかもさらに続く理屈がこれまた結構理路整然としているので始末が悪い！　かくいう私もかなりひどい目にあっている。そこで、今後そういうことがあった場合には遠慮なく殴ってくれて結構です」

ここまで一気に話し終えると父は〝ハァ〟と一息ついて額の汗をぬぐった。会場はすでに大爆笑の渦である。チラチラと花嫁たる私の反応を観察しながら抱腹絶倒しているお客様もいる。新郎直紀氏のほうをチラリと見ると、困りきった表情で対応不全といった様子で金屏風の前に立ち尽くしていた。困惑しきった生涯の伴侶となる人物と、熱弁をふるう父との間に立った私は〝花嫁姿でさえなければ抗議声明の一つでも発表したいくらいだ〟と切歯扼腕《せっしやくわん》した。

「ただし」

とさらにつけ加えた。

「君は体がでかいから本気でたたかれたらさぞ痛いだろう。殴れとは言ったが、その時は手加減してくれるように頼みます」

と言って主人のほうへ向かってお辞儀をしたのである。世間では権力者と思われていた父のそんな姿に出席者たちは大笑いしながらも、涙ぐんだりして会場には万雷の拍手が鳴り響いた。

〝こんなに優しい男性がこんなかわいいお嫁さんを殴るなんてあるはずがないのに〟と勝手に得心しつつも、とにかく〝神前ではしっかり角隠しをしておいて本当に良かったわい〟と内心安堵《あんど》もした。ところが次の瞬間、

「お転婆娘が今日から私の手を離れると思うと、こんなうれしいことはあ・り・ま・せ・ん……」

と言って父はこともあろうに絶句したのである。そんな父の姿に会場のどこかから、

「ようし、よくわかった！　もういい！　角さん、もういいよ！」

と声がかかった。この温かい笑顔と声援に私は胸が熱くなった。父は深々と礼をして、スピーチ未完了のまま自席へ戻り白いハンカチーフで目頭と鼻を拭っていた。この時のスピーチは当時の政財官界でかなり有名な話となった。

母と親交の深かった池田・大平元首相の夫人たちは目白に来られるたびに、

「あの時のスピーチを聞いて、田中先生にとって眞紀子ちゃんは掌中の珠《たま》。目の中に入れても痛くないとはあのことね」

といつも話題にしておられた。日頃は控えめな母が、

「あの親子はいつどこで何を言い出すかわからないところがそっくりなんです。本当に困ったものです」

と応じていた。

両親亡き後約二十二年。今や私たち夫婦には孫たちもいる。この間、主人が私に手をあげたことはただの一度もない。今ではなんとも懐かしく有難いスピーチであったと父に感謝している。

# 日本列島改造論

昭和四十七（一九七二）年六月二十日、父が著した『日本列島改造論』（日刊工業新聞社）が発売された。〝ポスト佐藤〟を決する田中対福田の自民党総裁選の半月ほど前のことであった。

価格は五百円。大卒者の平均初任給が四万八千六百円で郵便切手（はがき）が十円という当時の物価水準を考慮すれば、決して安くはない書籍だったが、九十一万部という大ベストセラーを記録した。

日本列島改造論とは父にとってどのような存在であったのか。少し趣は異なるが、本文を一部引用しつつ、父が目指した壮大な構想を振り返ってみたい。

## 政策の集大成

日本列島改造論は、政治家としての父が戦後の荒廃した国土を新しくつくり変え、次の時代に世界を牽引《けんいん》する平和の国家日本の礎《いしずえ》を築きたいという熱い思いのすべてを傾注した論文であった。単なる総裁選挙用の公約やマニフェストといった類のものでは決してない。〝政治家は邦家・国民のために決断し、実地に移して、その結果責任を取る〟という政治家・田中角榮が夢と現実を見据えて考えぬいたいわば国富論であると私は思っている。その中核となっているのが「地方の過疎と大都市の過密を同時解消し、均衡ある国土の発展」であった。まず、高速道路網や新幹線などの道路と鉄路のインフラ整備を通じて地方都市の工業化を促進し、地方の底上げを国全体の成長につなげるという壮大なプランを、具体的な実行性を持たせて提示している。さらに、「道路三法」などさまざまな法律を世に送り出してきた父にとっては、法律を実際の日本の成長に生かす中間まとめ的な意味合いも含まれていたと承知している。

それに先立って、昭和四十（一九六五）年十一月から昭和四十七年七月に内閣総理大臣に就任するまでの間、全国治水砂防協会会長を務めている。日本列島すべてを視座に入れた国土を災害から守るためのきめ細かい施策づくりに心血を注いで取り組んでいる。

日本列島改造論の前文にはこう記されている。

私はことし三月、永年勤続議員として衆議院から表彰を受けた。私はこれを機会に〝国土開発・都市問題〟と一緒に歩いてきた二十五年間の道のりをふりかえるとともに、新しい視野と角度と立場から日本列島改造の処方箋を書きあげ、世に問うことにした。

日本列島改造論は自民党総裁を目指すために急遽しつらえた政策ではない。長年父が温めてきた政策の集大成であり、四半世紀の思いや理想を随所に込めた特別な一冊なのである。

その土台となったのは昭和四十三(一九六八)年五月に発表された『都市政策大綱』である。昭和四十二年三月から一年二カ月をかけて自民党の都市政策調査会が取りまとめた政策で、父が調査会会長を務めていた。この都市政策大綱が父と日本列島改造論をつなぐ〝架け橋〟であった。

## 都市政策大綱

昭和三十七(一九六二)年七月に第二次池田勇人内閣で大蔵大臣に就任した父は、昭和四十年六月の第二次佐藤栄作内閣では大蔵大臣から自民党幹事長に抜擢された。しかし、昭和四十一(一九六六)年、政権与党であった自民党において相次いで不祥事が発覚した。「黒い霧事件」である。国民の政治不信は深刻化し、時の佐藤首相は綱紀粛正をうち出し、国会周辺を覆いつくした黒い霧の払拭に努めた。父は党員の不祥事の責任を取る形で幹事長を辞任した。当時は、若くして頭角を現した父への嫉妬《しっと》が背景にあるという噂もあった。その後、都市政策調査会会長という、それまでの役職では考えられない閑職に就いたことが、結果として父に幸いした。

誰もなり手がいなかった調査会会長を引き受けた父は、そこでも精力的に活動を続けた。昭和四十二年三月十六日の初会合には、副会長に就任した坂田道太氏、原田憲氏をはじめ衆参両院で八十七人の国会議員が参加した。その後、総会二十五回、正副会長会議九回、分科会十八回、起草委員会十八回という密度の濃い会合が開かれたほか、事務局を務めていた建設省を中心とした官僚との対話も繰り返した。

一年二カ月後にまとまった大綱は、日本全体を一つの都市圏としてとらえる「国土総合改造大綱」を全面にうち出すなど、これまでの国土政策とは大きく異なる内容となっていた。さらに、とかく役人の作文で国民に馴染みにくいといわれる政策を、人口に膾炙《かいしゃ》するための仕掛けも講じられていた。たとえば、北海道から九州まで日帰りできる「一日生活圏」「一日経済圏」「一日交通圏」というキャッチフレーズを提唱するなど、わかりやすさにも注力されていた。普段は批判に明け暮れる某大手紙も社説で取り上げて高い評価を与えるなど、都市政策大綱は新しい日本の国づくりの指針となった。

## 地方の再生

都市政策大綱から四年。田中角榮の名で改めて世に問うたのが日本列島改造論である。

大都市偏重だった国土政策を抜本的に見直し、地方に光を当てることで日本全体の成長を意図した国家ビジョンの下、とくに「地方分散」にこだわった。近年も「道州制」や「地方創生」が叫ばれているが、地方分散を真正面からとらえた最初の取り組みであった。地方の成長の必要性について父は、「むすび」（あとがき）のなかでこう指摘している。

私が日本列島改造に取組み、実現しようと願っているのは、失われ、破壊され、衰退しつつある日本人の〝郷里〟を全国的に再建し、私たちの社会に落着きとうるおいを取り戻すためである。

人口と産業の大都市集中は、繁栄する今日の日本をつくりあげる原動力であった。しかし、この巨大な流れは、同時に、大都会の二間のアパートだけを郷里とする人々を生み出し、地方から若者の姿を消し、いなかに年寄りと重労働に苦しむ主婦を取り残す結果となった。このような社会から民族の百年を切りひらくエネルギーは生まれない。

かくして私は、工業再配置と交通・情報通信の全国的ネットワークの形成をテコにして、人とカネとものの流れを巨大都市から地方に逆流させる〝地方分散〟を推進することにした。

この「日本列島改造論」は、人口と産業の地方分散によって過密と過疎の同時解消をはかろうとするものであり、その処方箋を実行に移すための行動計画である。

## 新社会資本形成

日本列島改造論を語るうえで、最も重要な視点は日本経済を成長させるためには何が必要かを明確にした点であろう。代表的なのが鉄道や高速道路網を中心とした社会資本整備である。すでに開通していた東海道新幹線に加え、山陽新幹線、東北新幹線、上越新幹線などの建設計画が動き始めていたほか、平成二十三（二〇一一）年に博多—鹿児島間で全線開通した九州新幹線、平成二十七（二〇一五）年に高崎—金沢間で開通した北陸新幹線、平成二十八（二〇一六）年に新青森―新函館北斗間で運行した北海道新幹線も基本計画に組み入れられている。

父は全国で九千キロメートル以上にわたる新幹線鉄道網の実現を求めていて、「日本列島の拠点都市はそれぞれが一―三時間の圏内にはいり、拠点都市どうしが事実上、一体化する。新潟市内は東京都内と同じになり、富山市内と同様になる。松江市内は高知や岡山などの市内と同様になり大阪市内と同じになる」と指摘して、「一日生活圏」「一日経済圏」「一日交通圏」が夢物語ではないことに言及していた。

また、現在建設が進むリニアモーターカーへの期待も表しており、「リニアモーター、超伝導技術は国家的プロジェクトとして完成目標を定め、本格的な開発に取組まなければならない。すくなくとも第二東海道新幹線などはリニアモーター方式で走らせてほしいものである」

と記している。

## 全国を結ぶ高速道路網

新幹線と並び国の骨格づくりの一つである高速道路網にも強いこだわりがあった。

新幹線鉄道が線にそって日本列島の開発を誘導するものだとすれば、道路は面としての地域開発を可能にする。人と貨物の大半を鉄道輸送に依存していた時代には、産業は鉄道の駅を離れて成立しなかった。しかし、自動車と道路の発展は人や物を駅から戸口へ、戸口から戸口へと運び、広い地域にわたる産業分散を容易にする。道路がなければ住宅は建たない。日本の鉄道の総延長は二万キロメートルあまりだが、道路は市町村道まで含めれば百万キロメートルにも達する。

日本経済の成長に比例するかのように増大する輸送量に対応することで、工業の地方分散を促す有力ツールとして高速道路の建設を推し進めた。「土建政治」「公共事業のばらまき」との批判を受けがちな日本列島改造計画だが、社会インフラを日本経済の〝成長の担い手〟に位置づけたほか、積極財政とそれを補う財源確保を同時に提言したことで「異色の政策本」と呼ばれることになった。

## 情報化を予測

日本列島改造論のなかで、もうひとつ特筆すべきは「情報ネットワーク」の必要性を、今から四十八年も前にすでに唱えていた点である。現在では本格的なインターネット時代を迎え、情報化は企業や国民生活と切っても切れない存在になっているが、当時はコンピューターという言葉もあまり一般化されておらず、大型計算機や電子計算機と呼ばれることが多かった時代である。昭和四十四（一九六九）年、通商産業省に初めてコンピューター行政をつかさどる「電子政策課」が設置されたが、時の通産大臣こそは後に「コンピューター付きブルドーザー」の異名をとることになる父であった。

当時の通産省で初代電子政策課長を務めたのは、後の大分県知事で「一村一品運動」で知られた平松守彦氏である。

平松知事は、後に国会議員となった私の指南役として折あるごとにアドバイスをしてくださった。共に大分県出身のジャーナリスト筑紫哲也氏と私の三人で銀座で大分のフグを食したり、筑紫さんのふるさと日田市や由布院温泉へ遊びに出掛けたりもした。山形県の佐高信《まこと》氏のところへ三人で講演旅行と称して押しかけたこともある。平松知事は父のことを〝神様〟のように評して色々なエピソードを語ってくださったが、ジャーナリストの筑紫さんは〝反田中〟的な考えもお持ちの方で、その二人が、いずれマッコさんは総理大臣になる人だからという点では一致して、ニコニコ顔で盃を重ねておられたことがおもしろかった。寂しいことに今やお二方とも鬼籍に入ってしまわれた。気を取り直して、父とコンピューターの関係について続けよう。平松氏は『私の中の田中角栄』（田中角栄記念館編）において、こう明かしている。

ＩＢＭのフューチャーシステムに対抗できる新しい国産コンピューターを開発するには巨額の資金が必要で、民間だけでは到底賄《まかな》えないので、新型コンピューター開発のための補助金の創設を田中大臣に進言した。

数字に滅法強く、判断の早さに定評のあった大臣のことなので、細かい資料や説明は一切省き、世界のコンピューター台数の推移や、ＩＢＭと日本のコンピューターのシェアなどを全部グラフにし、紙芝居のように一枚一枚めくりながら説明した。じっと聴いていた大臣は「よし、わかった」とひとこと言って、自分の名刺に「電算機特別会計をよろしく。主計局長相沢英之殿」と書いて私に手渡し、これを主計局長に届けるようにと言われた。

田中大臣の強力なバックアップで、四十七年度一般会計から三年間、三四一億円にのぼる新型コンピューターの研究開発補助金を確保することができた。六社あった国内メーカーも三グループにまとめられ、コンピューター産業育成の基盤ができ、これがその後のコンピューター産業の飛躍につながった。
もしあのとき田中先生の決断がなければ、世界に冠たる日本のコンピューター産業は育たなかっただろうし、今日における日本経済の成長の原動力である情報産業の隆盛もなかったであろう。

## 情報列島

父はコンピューター産業の育成に関心を示していた。情報化社会の到来と、それが新しい産業の創生につながることを予期していたためであるが、日本列島改造論のなかで「情報列島」という造語を用いながら次のように指摘している。

大都市と地方の格差をなくすためには、全国各地域を結ぶ情報ネットワークを先行的に整備しなければならない。申込めばどこでもすぐに電話がつき、全国即時通話ができるようにするのはもちろんである。有線テレビ、テレビ電話、さらに職場でも家庭でもボタン一つでコンピューターを呼び出すことのできるデータ通信など、情報化時代にふさわしい情報ネットワークをつくらなければならない。また、そうした新しい情報手段の利用技術と情報システムを積極的に開発し、各地域の情報活動に必要な機能を積み上げていくことが大切である。

情報ネットワークの整備、利用技術や情報システムの積極的な開発、通信コストの合理化を三本柱にして日本全国を一つの〝情報列島〟に再編成すれば、わざわざ情報を求めて上京する必要はなくなり、地方にいながらにして商売も勉強できるようになる。

情報化時代の主役はコンピューターによる情報処理である。このコンピューターと職場や家庭を結ぶのが通信回線だ。新幹線鉄道の列車がレールの上を走って私たちを運ぶように、私たちが通信回線をつうじてコンピューターを呼びだし、コンピューターのはじきだす情報が通信回線をつうじて私たちにとどく。それがデータ通信である。

四十数年前の一般の人からすると夢物語のようであったであろう。技術的にもインターネットの萌芽がようやく現れた頃である。それなのに、父にはあたかも今の社会が見えていたかのように、情報化社会がもたらす未来を示してくれている。

郵政大臣時代には地方のテレビ局に次々に認可を与えるなど、情報というソフトインフラ整備の重要性を早くから見いだしていた父であった。

テレビの許認可に際しては、当時色々な意見や提案があったようであるが、大手新聞社とテレビ局の資本を一元化する案を早い段階から父は思い描いていた節《ふし》がある。事実、昭和二十八（一九五三）年にＮＨＫとともに第一号局として発足した日本テレビは読売新聞系となった。その後、ＴＢＳテレビは毎日新聞、フジテレビは産経新聞、テレビ朝日は朝日新聞、テレビ東京は日本経済新聞と続いた。

デジタル化の進んだ現在は、どの局も放映内容が似たり寄ったりでまったく没個性に堕してしまった。今のテレビはテレビショッピングかバラエティだらけで見るべきものはない。ついでに、大手新聞も時代を斬る説得力ある論説よりも、大衆や時の政権に迎合した記事が多くなってきている。メディアに携わる人々の質の劣化なのか、あるいは政治の見えざる手によるコントロールなのかはわからないが、憂慮することしきりである。

## ふるさとへの思い

極めて秀逸な政策が散りばめられた日本列島改造論ながら、国際的なインフレーションやそれに続く石油ショックのなかですべてを具現化することはできなかった。

しかし、今もなお日本列島改造論が色あせず、メディアなどを通じて語り継がれているのは、時代を先取りして〝夢を現実にする〟という父の強い思いが支持されているからであろう。

首相在任中、予算委員会での質疑のなかでこんなことを述べている。

日本の人口の総数一億一千万人として、国民の約三分の一、三千五百万人近い人が東京を中心とする首都圏に住んでいる。これだけ、急速に東京や大阪や県庁所在地に人が集まってくるとき、一番おそろしいのは土地の値上がりとか公害とかそういうものじゃない。魂を失う、ふるさとというものを失う。そういうことで私は日本列島改造論を公にした。方向としては誤りだと思わない。

心のふるさとを失いつつある今の日本社会への警鐘は、あの時すでに打ち鳴らされていた。

## あれは、いったい何だ！

ロッキード事件のあまりに大きな残滓《ざんし》は、今も、そして未来永劫《えいごう》、私の心の中だけではなく、たぶん日本国民にも残された〝疑惑〟と〝深い闇〟として語り継がれていくに違いない。

その全容とは何であったのか？

真実は何なのか？

日本の政財界の背後にある暗闇と、当時のアメリカにおける大統領選挙にまつわる権力闘争の実態はあまりにも複雑で、広く深い。

あれから四十年以上の歳月が流れた。今もって得心のいかない点はいくつもあるが、あえて三点にポイントを絞って整理してみたい。

### 疑問㈠　事件の発端

事件の発端は、昭和五十（一九七五）年九月、アメリカ議会上院のチャーチ委員会

（外交委員会の分科会である多国籍企業小委員会、委員長は民主党上院議員のフランク・チャーチ氏）へ、ロッキード社の資料が誤って配達されたことであった。当時の記録や関係者の話を総合すると、ウォールストリートジャーナルが〝誤配送〟があったことを報道し、それが日本の新聞でも報道されたとある。

その資料を開封したところ、世界数カ国（ドイツ、オランダ、イタリア、日本など）の政府高官や要人に対して、米ロッキード社が秘密代理人を通じて工作を行ったというものだった。

民主主義を標榜するアメリカほどの国で、いや、多民族国家のアメリカだからこそと言うべきかもしれないが、とにかく〝誤配送された資料〟を開封して世界へ公表するなどということがまかり通ったのである。まったく信じ難い。

このロッキード社の工作は、アメリカ発の事件ということもあってか、欧州諸国では不問に付されたり、大した騒ぎにならず終息した。

他方、日本は違った。当時の日本は、〝クリーンさ〟を標榜して田中角榮政権を継いだ三木武夫政権であったが、その政権基盤は安定していなかった。また、昭和四十九（一九七四）年の俗に言う「阿波戦争」（三木氏が推す久次米健太郎氏と父が公認した後藤田正晴氏が争った、徳島県における保守分裂選挙）が尾を引いていた。当時の日本政界のさまざまな事情がないまぜとなって、スキャンダルの炎はいやがうえにも燃え盛った。

## 疑問㈡　嘱託尋問調書

アメリカの公聴会で、当時ロッキード社の副会長であったアーチボルド・コーチャン氏と元東京駐在事務所代表ジョン・クラッター氏らが証言しているが、この嘱託尋問調書は、コーチャン氏らを東京地方検察庁が起訴しないと約束して得た証言であった。すなわち、日本国内では罪には問われないという前提でなされた彼らの証言は、どう考えてみても、信用性は低いと考えるのが妥当である。ところが日本の最高裁判所も、コーチャン氏らが起訴されることはないとの〝宣明〟を出しているのである。

この件に関して、父の弁護団では、

「こんなことでは公正な裁判は期待できない！」

という批判が渦巻いた。

そもそも日本の刑事訴訟法制度には、検察官が不起訴を約束して、証人に強制的に証言させる制度はなかった。にもかかわらず、東京地検は起訴猶予制度を乱用して、コーチャン氏らを起訴しないことをあらかじめ約束して証言を得た。しかし、アメリカの裁判官は、日本の最高裁のオーダーまたはルールがなければ嘱託尋問調書を日本に引き渡さないと決定した。

その結果、驚くべきことに、最高裁は検察官が不起訴を約束しているから将来にわたりコーチャン氏らが起訴されることはないことを宣明し、ようやく、この嘱託尋問調書を東京地検が入手したという経緯がある。

これは超法規的措置による違法入手であり、このような東京地検と最高裁の措置は、空前絶後、前代未聞と言うほかはない。東京地検は、この嘱託尋問調書がなければ、その後の捜査を進めることができなかったはずだ。そのうえコーチャン氏らに対して行われるべき弁護人の反対尋問は、最後まで実現しなかった。

ところが最終的に、最高裁は、平成七（一九九五）年の榎本敏夫氏および檜山廣氏に対する判決のなかで、嘱託尋問調書は違法収集証拠であるとして、有罪の証拠とはならないと判断した。

結局、ロッキード事件なるものは、いったい何であったのか？

多大なエネルギーと時間を費やした結果、日本人は何を学んだのか？

事件から四十年以上が経過した今だからこそ、冷静かつ客観的に分析する視座が求められている。

平成二十八（二〇一六）年七月、『未解決事件　ロッキード事件第3部　日米の巨大な闇――四十年目のスクープ』というNHKのテレビ番組が放映された。結論から言うとこの番組の主張は、「P-3Cオライオンという軍用機（対潜哨戒機）を製造していたロッキード社は、ベトナム戦争終息によって赤字経営に苦しんでいた。ロッキード社は、このP-3Cの日本への売り込みを計画し、当時の防衛庁を通じてP-3Cを配備させることが当初の目的であった。その売り込みに際して、工作資金は児玉誉士夫《よしお》氏（同NHK番組によると、第二次世界大戦中は日本軍に関与し、戦後は政財界と裏社会に通じていた「フィクサー」と呼ばれた人物）を通して然るべきルートへ流されたといわれている。児玉氏は、この事件にからむ脱税と外為法違反で起訴されたが、その渦中で容体が急変し、その後亡くなり、P-3Cの売り込みに関する日本での政財界工作の真相は深い闇に消えてしまった」というものであった。

このP-3Cをめぐる児玉ルートの解明は突破口が見つけられなかったため、同じくロッキード社製である民間航空機トライスター輸入に関する話（丸紅ルート）がクローズアップされ続けた。そのなかで総合商社の丸紅や全日本空輸（全日空）の関係者の名前とともに、田中角榮という名前が世間で取りざたされるようになった。
テレビニュースを見ていた父が突然、
「これは何だ！」
とつぶやき、テレビの音を少し大きくするようにと言った時のことが、今も私の脳裏を離れない。

ロッキード社が工作を行った当時のアメリカ大統領は、共和党のリチャード・ニクソン氏であり、彼はロッキード社があるカリフォルニア州の出身である。また、全日空にトライスターが納入された当時のジェームス・ホジソン駐日アメリカ大使は、ロッキード社の元副社長である。そのようなことから一時、工作資金の一部はアメリカへ環流されたのではないかという報道もあった。

当時、ヘンリー・キッシンジャー大統領補佐官の下で国家安全保障問題担当の補佐官として働いていたリチャード・アレン氏は、前出のNHKのテレビ番組で、父のことを「He was a tough guy!（彼は不屈の男だ！）」と表現し、さらに「日本の金で、我々アメリカの軍事力を増大させることが一番のねらいであった」と回想している。

結局、日本は対潜哨戒機の国産化を白紙撤回し、P-3Cが導入された。ということは、軍事産業大国のアメリカが、日本に対して対潜哨戒機の国産化を認めずに、〝Buy American!（アメリカ製品を買いなさい！）〟を実践したことになる。
ところで、数年前から日本政府はアメリカの要請を受けて、墜落事故の噂の絶えない最新鋭輸送機オスプレイを、沖縄県民などの反対を無視して沖縄や本土のアメリカ軍基地へ配備することを認めており、自衛隊も導入を決定している。さらに、アメリカの現トランプ政権は、〝アメリカファースト〟の政策を堅持し、今後も同様の要求がエスカレートすることは想像に難くない。今の日本側の顔ぶれでは、なんでも要求をのまされるのではないかと気が気ではない。前出のニクソン政権下のアレン補佐官の発言は、今もそのまま生きているのではないかと勘ぐらざるを得ない。

### 疑問㈢　岡原元最高裁長官の発言

岡原昌男元最高裁長官（検察出身として初めて第八代の最高裁長官に就任）は、丸紅ルートの一審判決（岡田光了裁判長）が出た直後の昭和五十八（一九八三）年十月二十一日付の朝日新聞で、日本の三審制度に関して次のような発言をしている。

一審判決は重い。控訴審、上告審は審議のやり直しではなく、新事実の主張があれば、その点だけを調べるにすぎない。このため、上級審で逆転無罪となるケースはほとんどなく、一審判決はそれほど重いのだ。まして、岡田判決は七年にもわたり審理を十分尽くしており、（中略）高裁、最高裁で覆ることは法律家のだれがみても百パーセントあり得まい。

戦後長期にわたる自民党政権下でお金にまつわる事件が頻発し、その自浄作用のない政界に憤《いきどお》っての発言とはいえ、権威ある最高裁長官経験者が、このような発言を一審判決の直後にすることは、国民に対して日本の司法に対する予断と偏見を与えることになる。

万一、冤罪《えんざい》であった場合、その被告人の人生を誰も肩代わりすることはできず、ましてや被告人は人生をやり直すことはできない。人が人を裁くということはどういうことなのか——私は慄然とした。

また、肝心の金銭に関しても、大きな疑問が残っている。裁判中は、授受に関してさまざまな証言や報道も出たようだが、辻褄が合わないものだらけで、実際に現金を見たという人は一人もいないのである。

ロッキード事件の裁判は長期間に及んだ。マスコミや評論家と呼ばれる人々からの罵詈雑言《ばりぞうごん》や、世間の人々の厳しい視線の中で私たちはひたすら耐えた。

心の支えは、父が一貫して無罪を主張し、微動だにしていなかったことである。公判のある日以外は、いつものように登院し、ごく親しい友人たちとゴルフへ出掛けたりもしていた。ゴルフのスコアよりも、広いゴルフ場を歩き回ることができる健康さに喜びを見いだしていたように見えた。

父の苦衷は察するに余りあった。我々家族は一日たりとも気を抜くことができず、全神経をピリピリさせて暮らしていた。

父は公判中、一貫して嫌疑を認めず、身の潔白を証明しようとした。しかし、〝徒手空拳〟で闘っていた父は遂に病に倒れた。

最高裁判決以前の父の死によって、裁判は「公訴棄却」となった。これは一審判決に対する不服申立が棄却される「控訴棄却」とよく思い違いされるが、そうではまったくない。

いつの日か必ず国政の壇上へ復帰して、「身の潔白を証明したい」と切望していた父は、脳梗塞《こうそく》発症後も書字にいそしみ、登院のための歩行訓練などを粘り強く積み重ねていた。久しぶりの登院に備えて、衆議院議場の自席の位置関係や椅子のサイズ、廊下から自席へのアクセスなどを調べ、自宅内に実物大の模型をつくり、幾度も幾度も練習を重ねた。

ある快晴の日に、父本人がいよいよ登院する気持ちになった。父の背広の胸に議員バッジが輝くのを見るのは久しぶりであった。幸い国会議員であった主人が秘書役として車に同乗し、国会図書館側の参議院入り口から国会議事堂へ入る練習も事前に行っていた。ところがこの日に限って、車がいよいよ議事堂に近づいた時、父は顔の前で左手を振って、

「ダメだ、ダメだ！」

と大声を出して久しぶりの登院を拒絶したと主人から聞いた。我々は落胆もしたが、一方でマスコミや国会関係者の中に再び父を追いやることは忍びないという複雑な思いも交錯した。

なんとか病を克服して「汚名を晴らしたい」という父の一念の象徴のような、木製ながら精巧にできた議席の模型は、今も倉庫の片隅に眠っている。

ある日、名の知れた女性評論家が、病気で一日も登院できない父を名指しで「税金

泥棒だ！」と新聞紙上で批判した。

我々は、かねがね登院もできないのに歳費を受け取ることを心苦しく思っており、長期療養になることを覚悟した母は、かなり早い時期から秘書を通じて「歳費の返却」あるいは「供託」を申し出ていた。ところが現行制度では、そのいずれも認められないことがわかった。議員の身分は、解散か、本人が議員辞職しない限り保障され、歳費は支払われ続ける制度になっている。

前出の女性評論家の〝噛みつき発言〟は、もうちょっと調べてからしてくれれば良かったのにという思いとともに、ピリピリしていた我々家族の胸に深く突き刺さった。

父が力の限り全力で駆け抜けた人生。どんな時も溢《あふ》れる愛情で、慈しみ育ててもらった私は、あの時ほど代われるものなら代わってあげたいと思ったことはない。

# 時は大騒ぎをして、頭上を通り過ぎていった

「彼らのやり方は、けしからん！　これは紛れもなく派閥の乗っ取りだよ！　口先ではきれいごとを言っても、水面下では泥棒を働いている。こんな奴らに政治をやられたんじゃ、国民はたまったもんじゃない！」

「僕は、田中先生に物心両面でお世話になったおかげで今日があるんです。そのおやじさんを闇討ちにして襲った連中と行動を共にするなんてことは、人間としてできません！」

昭和六十（一九八五）年二月、父が脳梗塞《こうそく》で倒れるきっかけとなった木曜クラブ（田中派）内での新グループ結成の動きが表面化すると、永田町は大いに揺れた。田中派国会議員が連日、目白へ詰めかけて、ある方は興奮した大声で、またある方は涙声でおっしゃった言葉が冒頭のものである。

当時、田中軍団と呼ばれていた田中派所属の国会議員は衆参両院で百二十三名、野党第一党の日本社会党議員数百五十八名に次ぐ、大規模なものであった。昭和四十九

（一九七四）年に父が総理大臣職を辞してからも、派閥は膨張を続ける一方で、マスコミの批判を浴びていた。

ある日、縁側のテーブルで一人朝食をとっていた父に、その理由をたずねたことがある。父は突然、バチンとお箸をテーブルに置いて、厳しい口調でキッパリとこう言った。

「マスコミはとやかく言うが、お前までが間違えんでくれ！　こっちが肩をたたいて誘ったことなど一度もない！　向こうの都合でやって来るんだ！　向こうから！」

そして、さらにこう続けた。

「ウチの派閥には、立派な人物もいる。しかし、なかにはそうでもないのもいるんだ。政治家の仕事というのは、内においては総合病院みたいな面がある。派内には名医もいるが、自分自身が病人みたいなのもいる。ひと口に議員といっても、人間性は色々だ。困ったもんだよ、実際！」

他人《ひと》が聞いたら、肝を潰すようなことを言ってのけた後、父は長嘆息をした。

詳しい経緯はわからないが、とにかくあれほどの大集団では、風通しも悪く、不満も出る。学校の一学級も四十名前後が最大規模で、一人の人間の目が届く人数はもっと少ないはずだという私に、父は大きくうなずいた。そして、

「お前の言う通りだ。一人ひとりの議員にそれぞれの事情や立場はあるにせよ、派閥を渡り歩いているうちに陰で派閥の解体屋と呼ばれている政治家も、とっくにウチに入ってきている。彼らは本能的に嗅覚が発達しているんだナァ。風のようにスーッと入り込んでくるんだ」

とつぶやいた。そして唖然《あぜん》としている私の目の前でこう続けた。

「いいさ。その時は、お父さんはまた自分一人から始めるんだから。今までは、お父さんは機関車のようなもので、重い貨物を引っぱって、ガシャン、ガシャンと長い道のりを進んで来た。しかし、その時が来たら、貨車を切り離して身軽になるさ！」

ガシャン、ガシャンという言葉の響きが異様に重苦しく、あの時、私は父の喘《あえ》ぎを聞いた思いがした。

父という人は、気性も烈《はげ》しいが、一度決断したことは必ず実現させる。稀《まれ》にみる強い意志の持ち主であり、その一方では、物事にはこだわらないという面もあわせ持っている。毀誉褒貶《きよほうへん》のなかで、保守政治家の権化《ごんげ》のようにいわれている父の内面には、青年代議士当時の夢や情熱とともに、ナイーヴで繊細な本性がチラチラと見え隠れする。これが政治家、田中角榮の最大の長所であり、同時にアキレス腱でもあると私は思っている。

昔から父は、困っている人、悲嘆の淵にいる人を見て、どうして手を差しのべずにいられようかと言い続けてきた。理には強いが、情には弱いのである。

岸、池田、佐藤政権時代に党や内閣の中枢にあって、三十代後半から四十代そして五十代の初めという最も脂ののりきった時期を過ごしてきた父には、〝若くて、やり手な政治家〟という評判の一方で人情家としてのエピソードも絶えなかった。

昭和四十四（一九六九）年十二月の総選挙は、父が若き自由民主党幹事長として采配をふった時代であり、その年に私たち夫婦は結婚した。

昭和四十四年初当選の七回生と呼ばれる田中派議員は十三名と派内では最も人数が多く、したがって出世競争も激しいグループであるとかねがね伝え聞いていた。ロッキード事件の裁判が長びくなかで、再び政権派閥づくりを望む一部幹部と、過当競争の激しい七回生とが隠密裏に派中派をつくったのが事の始まりであった。最初、大多数の議員はカヤの外に置かれ、疑心暗鬼でウロウロしているうちに、執拗《しつよう》にして隠微を極めた手法による多数派工作が着々と開始されていた。情報が早く、また独特のするどい勘の働く父は、派内のこの動きに苛立《いらだ》っていた。根が陽性で、明快率直な言動を旨としている父にしてみれば、不透明で陰湿な彼らの手法は体質に馴染まなかったに違いない。

「国を背負って立つことの重みがわかるのか！　政治の本当の凄《すご》さと怖さをわかっていない連中に、いったい何ができるというんだ！　出て行きたい者は、今すぐ出て行って結構だ！」

帰宅早々の父が、ある議員に大声で言った言葉である。

「中途半端な連中が政治をオモチャにしようとするなら、ワシは許さん！　今の自民党には人がいないんだ！　人が！」

昭和六十（一九八五）年二月二十七日夕刻、それまでエネルギーのかたまりのようであった父が、脳梗塞の発作を起こして倒れた。友人と約束していたゴルフを悪天候も手伝って、とりやめにした日の出来事である。

政治家の病気、殊に父のように、四六時中マスコミに取り巻かれていた者の入院は、電光石火の早さで全国に報道された。連日、病院の内外はお見舞いに見えるお客様、見物人などでごった返し、物理的にも公共医療機関としての機能がマヒ寸前に追い込まれてしまった。東京逓信《ていしん》病院の当時の院長先生方による、文字通り寝食を忘れた陣頭指揮のおかげで、入院や外来患者さんはもちろんのこと、すべての病院業務に携わっている方々の被害は最小限にくいとめられた。その一方で、献身的な治療が続けられ、父もよくそれに応えてくれた。

病院玄関には報道陣の脚立《きやたつ》が林立し、近くのビルには隠し撮りをねらった週刊誌のカメラが設置された。上空には日に何度もヘリコプターが飛来し、病院と自宅間を往復する私たち家族を、写真週刊誌のカメラマンがオートバイやタクシーに乗って、必死の形相《ぎょうそう》で追いかけてきた。

株価が変動し、田中派内の混乱は最高潮に達した。

蜂の巣をつついたような世間の騒ぎのなかで、私たち家族は父が今まで背負ってきたものの重さを改めて知った。そして、治療第一主義のもと、すべてに優先して私たちがすべきことは父の回復のために全精力を傾注することであった。そのことが父を激励する手紙、神社のお札、写経、千羽鶴などを寄せてくださっている全国の未知の方々へのご恩返しになり、同時に父、本人のためにもなると考えたからである。

末娘はカラフルな絵を画用紙いっぱいに描いて祖父を喜ばせ、次女は音楽の時間に習いたての『シチリアーナ』やお得意の『よろこびの歌』をリコーダーで吹いた。そして、ちょうど中学の卒業式を控えていた長男は、卒業生代表として、本人が読み上げた答辞の録音テープと写真を持って、祖父母の待つ病室に駆け込んだ。

父の正確な病状と、本人および家族の感謝の気持ちを世間へ伝えるために、私は生まれて初めて、父の機関紙『越山』に千八百文字の原稿を寄せた。あらゆる報道機関から取材申し込みが殺到していたが、内容の正確さを期するためとセンセーショナルな商業主義に利用されることをおそれて、私は自らペンをとった。

皆様。

父が〝若き血の叫び〟というスローガンを掲げて、政治家としての第一歩を踏み出した昭和二十一年、四月から今日に至るまでの三十九年間、よろこびも苦しみも共に分かち合い、広い御心をもって政治家、田中角栄を慈しみ育て続けて下さっている、地元新潟県第三区の皆様はもとより、力強い励ましを賜っております全国の皆様に対し、慎んで父の近況をご報告申し上げます。

本年二月二十七日の発病以来、医師団による献身的かつ適切な処置のおかげで、父の病状は極めて快方へと向かっております。入院後二か月が経過いたしましたが、父は持前の強固な意志力とやる気とを発揮し、運動、言語、作業などリハビリテーションに励む毎日でございます。

夜は熟睡し、食欲もあり、適当な気分転換もはかっております。

五月四日は父の六十七歳の誕生日でございました。期せずして、入院以来六十七日目にして迎えた誕生日です。何という偶然でしょう。この日を境として、父が今までのように実務一本槍の人ではなく、更に広く深い思索に裏付けられた〝哲人政治家〟として甦《よみがえ》ってくれることを願っています。

急性期、すなわち発病当初に、動かなかった父の右手をみつめることは、しのびないことでした。

「この右手で何十万という人々と握手を交わし、この右手で何万枚かの色紙や額に揮毫《きごう》し、この右手で幾多の重要書類に署名をしてきたであろうに」

と思いをめぐらすだけで、胸の潰れる思いがしたものです。

しかし、今はよく動かせないその右手を、自らの左手で庇《かば》いつつ、父はひたむきに回復訓練に取り組んでおります。

皆様よくご承知の通り、日頃は人に命令を発することはあっても、仲々他人の言うことには服従しない性分の父でございますが、ドクター方の御指示通りに、素直にリハビリテーションに取り組んでいる姿は、かつて苦労力行していた頃の青年、田中角榮を想像させるに充分でございます。例の、手を上げた得意のポーズも今は左手にとってかわりました。

雪深き越後の寒村から、青雲の志を抱いて中央政界入りをした一青年が、四十年近い政治生活の中で、たとえ右手の自由は失ったとしても、人々の温かい励ましの輪の中で得たものは、永遠不滅の宝であると信じます。歳月は人の姿を変えようとも、試練にあえば、精神はなお一層澄みわたっていくものだという感を深めております。

私共家族が皆様へご恩返しが出来るとすれば、それは父を再び皆様の元へお返しすることであると考えます。それが私共の務めであると思えばこそ、いま暫《しばら》く時間を頂戴したいのです。皆々様の御厚意に甘えて、面会もお断りさせていただいております我ままを、どうかお許しいただきたくお願い申し上げます。マスコミの喧《やかま》しさに煩わされることなく、患者本位に、治療最優先の環境づくりをさせていただく心組みでおります。第二の人生への出発前のモラトリアムであるとご理解頂きとうございます。

科学が進み、人間が宇宙旅行をしたり、人工臓器やロボットをつくり、遺伝子工学の分野では試験官ベビーもつくり出すことが出来るという時代です。これは大変な驚異です。しかし、私たちの日常生活の中にはもっと身近な驚異が沢山あります。

例えば、雪の中から蕗《ふき》のとうがひょっこり頭を出して、春の息吹を伝えてくれる。あるいは、うんざりするほど積み上げられていた根雪が、いつの間にか大地に吸いとられ、天空へと蒸発して目の前から無くなってしまうという事実などです。

人が造りだす物ごとのすごさや素晴らしさもさることながら、神が人間に与えて下さる、ごく自然な営みは遥かに偉大であるということに気付かずにはいられません。この恩恵を静かな心で謙虚に受け止めていきたいと思っております。

最後になりましたが、父母が皆様に対し衷心から感謝と御礼を申しておりますことをお伝え申し上げます。有難うございました。

昭和六十年五月六日

田中眞紀子

深夜の病院で一気呵成《かせい》に書き終えた時、それまで溜まっていた疲労とストレスが肩のほうからスッと抜けていったように感じた。そして、それを契機に心の落ち着きと透明度が増幅していくような気持ちになった。

ところが、今、思っても本当に気の毒だったのは、新米代議士の主人である。主人は、父の地元の支持者の方々や国会議員、マスコミ等、対外的スポークスマン役のすべてを秘書の方々の協力を得て、引き受けてくれた。ほかにそうした立場の人がいなかったとはいえ、色々と大変なことが多かったであろうと思う。

殊に同心円という名目の多数派工作の進行中であってみれば、右往左往している大多数の議員の不安心理は複雑であった。本来ならば、「新派閥を旗上げすることにしたので、出て行きます。お大事に！」とでも天下にわかりやすく明言してくれれば、それですんだことである。ところが彼らは、そうすることを潔《いさぎよ》しとしない大多数の議員を吸引するために、水面下であらゆる手段を弄《ろう》していた。同心円拡大のために、派閥の一本化を目指し、百パーセント吸引することが不可能とわかった段階で、今度はなんとか、おやじさんの承認をとりつけたが如き形をとろうと、当方に対してあらゆる手段を使い、すさまじい圧力をかけてきた。それは〝隠微にして執拗な攻勢〟としか形容のしようのないやり方であり、陰湿でドロドロしてわかりにくいアプローチが繰り返された。毎日、国会へ通う主人は、なんらかの形で、さもおやじさんの承認を得たかの如き言質《げんち》をとろうとする人々から陰に陽に接触を求められていた。目に見えない水面下での集中的いじめのような行動が始まった。

帰宅した主人の様子から、目的のためには手段を選ばない手法に対する憤《いきどお》りが感じられた。

「物事は結論よりも、途中のプロセスやその手段がどんなであるかが大切なはずだ！」という言葉や、「議員は一人ひとりが本質的に自立できていなくてはダメだ。こういう時こそ、人間性が手にとるようによくわかる」という言葉。

そして、

「明るく、風通しの良い政界で、思う存分勉強をして働ける日が早く来てほしいよ」と繰り返し言っていた主人は、満身創痍《そうい》ながらも信じられないほど冷静であった。私と結婚さえしていなければ、こんな苦労をしなくてもすんだのにと、弱気になった私がグチをこぼすと、主人はいつも私の肩をたたいて、君は家族と自分自身の健康のことだけを心配していればいい、それで充分だと言って逆に励ましてくれた。かつて、父が私たちの結婚が近づいた時に、「三人兄弟の末っ子、直紀君と、我が家の一人っ子の結婚じゃ、我々夫婦の老後は放っぽり出されるかもしれないネ」と言ってからかっていたが、この時の主人は頼もしい限りであり、私は深く感謝をした。

こちらが沈黙を守る姿勢を貫いていたせいもあるが、当時のマスコミ報道には、片寄った面と間違っている面があった。血で血を洗う権力闘争の実態を正確に把握することができず、永田町の一部から流される期待まじりの情報や、打ち上げ花火に振り回されていた面が多々、見受けられた。自分に有利な政治的環境づくりをするために、わざとガセネタを流すというのが、一部、永田町人種の常套《じょうとう》手段である。ウソから出たまことをねらったこうした発言は公人にあるまじき行為であり、時として人権をひどく踏みにじる。入院中も自宅にいる時も、父の死亡や危篤説が突如として流布された。問い合わせの電話で初めて知って、目白通りに出てみると、テレビカメラの脚立が何本も立っていたことが幾度もある。こちらが発信源をたずねると、たいがいの場合、某通信社であるとか、兜町の株変動であるといった言葉が返ってくる。記者たちがもっと誠実に足でかせいで裏づけをとる努力さえしてくれていたら、あんなウソは見抜けたはずなのにといったこともしばしばあった。

「お父さん、また殺されちゃったわよ！　これで三回目」

と言う私に、その頃には本人も呆《あき》れ果てていた。

マスコミといえば、訳知り顔の政治評論家や医事評論家もずいぶん跋扈《ばっこ》した。明らかに、特定の政治家や、派閥の応援団とわかる評論家の発言。また、父に一度も会ったこともなければ、カルテを見たこともない医者やそれらしき人種が、病気の状態や見通しについて、マスメディアで断定的表現で喋《しゃべ》りまくる。不謹慎にして軽率極まりないこれらの人々は、自らの発言の責任をいったいどのようにして取るつもりでいるのか。私は腹が立った。

福祉という言葉とは裏腹に、健常者優位の日本の社会構造。権力闘争に明けくれる心の病んだ政治家たち。興味本位で売上げ第一主義のマスメディア。私は人間不信の頂上に立ち、足元にパックリと口を開く地獄を見た思いがした。

こうした状況のなかにあって、私たちを支え続けてくれたのは、ほかならぬ父自身であり、母でもあった。身体的ハンディ・キャップを抱えつつも、ひたむきな努力の積み重ねと我慢によって、確実に回復をとげていく父。そうした父の姿は感動的であり、父を介助して障がいに共に立ち向かっている母の労働する姿も大きな驚きであった。これが長年、低血圧に悩まされていた人かと疑問に思うほど、母は早朝から父のリズムに合わせて、規則正しい生活を送るようになった。健康で、エネルギー横溢《おういつ》していた頃よりも、その当時の父は精神的に、より強靱《きようじん》になったといえる。ところが、生まれつき几帳面で神経質な性格のほうは昔のままで、突然の来客にも、髪を整え、背広で威儀を正さないと気がすまない。リハビリ中だから、こんな格好で失礼するなどということは、決して自尊心が許さないタイプである。体にマヒはあっても、几帳面さとプライドの高さはさっぱりマヒしてくれないから、周辺にいる者も何かと大変である。リハビリテーションのドクターによると、普通の人は一般に、そちらのほうからルーズになってゆくものなのだそうだが、父の場合は緊張感の高い生活を強いられているせいか、まるでケースが違うという。

中曽根政権の後継者として、それぞれの派閥のニューリーダーと呼ばれる人々が総裁候補として名乗りをあげていた時期は、多数派工作の総仕上げ、あるいは最後のしめつけと呼ぶべき時期でもあった。冒頭に書いた当時右往左往していた議員さんたちの口から発せられた言葉の数々は苦渋に満ちており、聞いていた私たちや父の秘書たちは、おのおのの立場が手にとるようによくわかるだけに、身を切られるほどつらい思いをした。目白に駆け込んで見えた直後に転身する人、毛筆で父宛に丁重な詫状を認《したた》めて持参する人、なんとかしてこの騒動をやめさせてほしいという代議士夫人からの直訴状、複数の議員の後援会や地元支持者からの悲鳴にも似た動揺の手紙、自分が支えている代議士の言動を電話や書面で、目白の秘書宛に知らせてくる秘書たち。権力闘争のドタン場は、この世の地獄である。テレビ画面でニッコリして、握手を交わす三人の総裁候補者の表情をまともに見ることは、とてもできるものではなかった。

私たちはすべての手紙を父へ手渡し、細大もらさず報告をした。

二年九カ月にわたる多数派工作の結果、最終的には二十名の議員が木曜クラブおよび旧田中派というそれぞれの名称でとどまることとなった。

十月六日、午前八時すこし前、こんな出来事もあった。新潟県選出のH議員が、折からの雨のなかを傘もささずに拙宅の門前に立っておられると、警護の方から電話が入った。早朝のことでもあり、事務所にはまだ誰も来ていなかった。仕方なく、私はヘアカーラーをつけたままの姿で、玄関へ飛んで行った。

急にタクシーで来たので、車も傘もないという先生の言葉も様子も尋常ではないと察し、私は大急ぎで事務所の鍵を開け、とりあえず暖をとっていただくことにした。長いこと小雨のなかに立っておられたらしく、髪が乱れて額にはりつき、顔面は青白く見えた。長年、ウチの事務所に見えていて、勝手がわかっているはずの先生なのに、あの日は椅子に座ろうともせず、ソワソワと落ち着かず、変に興奮しておられた。

「もうすぐ秘書が出勤して参りますが、お急ぎのようですから、主人を呼んで参りましょう」

と言う私を制して、こう言われた。

「こんな朝早くに目白通りを通っても、通行人でしかないわなあ……」

「ちょっとだけ停車して、挨拶に来たと伝えておいてくれと言われても、話にもならんよなあ」

「いやあ、田中先生に顔向けできんことをしてしまった！」

彼はしきりにぼやくのだが、主語のない話で、私にはなんのことやらさっぱり理解できなかった。どうやら、誰かが事前にH議員に連絡をして、目白通りに待機させておき、我が家の前を車で通りかかっただけで挨拶に来たという主旨を、田中の家人に伝えるようにと命じたらしい。

この時の様子は、後でTBSテレビと朝日新聞の二社だけが報道した。てっきり、二社によるスクープかと思っていたが、その日の午後に、

「あれは本当の出来事か」

と確認の電話をかけてきた某通信社の若手記者が、「そのようだ」と答えた私に対して、「本当なんですか。そうだとすれば、あれは礼を尽くしているふりをして、その証拠写真を撮らせるための政治家側からの巧妙なリークだ。一種のパフォーマンスだな」と言った。

とにかく世間では、またしても田中家側による門前払いだというイメージが出来上がってしまった。

あらゆる手段を使って、父のことを徹底的に利用し尽くそうとするかの如きやり方

には呆れ果てた。後でこのことを知った父は、早朝、メッセンジャーの役で、雨のなかでずっと待たされていた同郷のH議員のことをしきりに気遣った。いかにも父らしい心配りであった。

いよいよ三人の候補による話し合いの調整がつかず、三者がそろって中曽根総理サイドに白紙委任状を出して裁定を仰ぐ事態となった。そんな時期のある深夜、二度にわたって怪電話がかかってきた。

一回目は、昭和六十二（一九八七）年十月十日夜十一時、電話のベルが鳴った。私が受話器を取ると、相手はしばらく黙っていた。そして、「もしもし」とも言わず、突然こう言った。

「田中角榮が築いた城を壊すつもりか」

三十歳代の女性のハッキリとした通る声で、落ち着いた話し方である。

相手は言いよどむこともなく、相当の覚悟で断固たる口調で話した。城とは派閥のことだろうか。私は鳥肌が立った。

今まで一度も聞いたことのないその声の主を三十歳代と思ったのは、息つぎがしっかりしていて、言葉も一気に言い終えたからである。

「お名前をおっしゃってください」

とこちらが言うと、相手はしばらく沈黙して、「眞紀子さん、あなたねぇ」と言い出したので、私はあわてて電話を切った。

この電話番号は、親戚や友人、ごく一部の政治家にしか知らせていないものである。

二回目は十月十四日、やはり夜十一時をすぎた頃、電話のベルが鳴った。こちらが「もしもし」と言うと、すこしの沈黙の後、ややあってから相手は話し始めた。

この時もやはり女性であったが、前回の人よりもずっと歳をとっている声で、六十歳代のように思えた。女性にしては声の質は低く、ゆっくり、ねっちりとした喋り方をする。さらに驚いたことは、「もしもし」という私の声を聞いただけで、相手が私であるということを確認したらしいのである。

「眞紀子さん？　眞紀子さんね」

相手は言外に、電話に出た主が私であることを確認しているという自信のほどを示した。

「どなたですか？」

と問うと、相手は無視するような強さで、

「あなたねぇ、自分のやっていることがわかっているの？」

と、ねっちりとした詰問口調で言った。

この声には聞き覚えがあった。私は声の主を想い出そうとして、闇のなかから響いてくる声に全神経を集中した。すると、ある女性の顔が受話器の向こうの闇にハッキリ浮かんできて、愕然とした。相手と私は面識はあるが、挨拶程度の会話しか交わしたことがない。たぶん、私が声を聞いたくらいでは誰だか気づかないだろうとタカをくくって電話をかけてきたらしい。

ところがあいにく、私はときどき父親譲りの鋭い勘が働くことがある。人の喋り方や特徴、表情、身ぶりなどをとらえるのが得意なほうである。私は全神経を耳に集中した。そして、相手を特定し得た瞬間、私は絶句し、膝がガクガクした。相手は異様なしつこさで、私をつかまえたからには、言いたいことはすべて言ってやろうという執念が感じられた。

「この電話は録音できます。警察へも連絡します」

と言っても、相手は動揺も見せず、平然として電話を切る様子がない。

相手の女性は録音電話の多岐にわたる機能など、現代のメカについてはあまり認識していない年代の女性であるらしいこともわかった。

ちょうどお風呂から上がったばかりで私のそばでウロウロしていた長男は、尋常でない私の応答ぶりに固唾《かたず》をのみ、早く録音ボタンを押せと指で合図をした。

「この電話は録音できます。警察にも連絡します」

と繰り返すと、相手は無言となり、それでも絶対に電話を切ろうとはしない。長い無言に抗しきれなくなった私のほうが、根負けして電話を切った。

「またか！」

と言う主人と、

「いったい誰なの？」

と言う長男。私は怒りでふるえた。受話器を置いてから、なぜ私は「あなたは〇〇さんですね」と勇気を出して言ってみなかったのか、自分でも不思議だった。とにかく、明日の朝、警護の人を通じて警察へ一応知らせておこうと話し合っていた時、再び電話のベルが鳴った。

私たちは無視して出ないことにした。深夜に正体を明かさず、政治がらみのいやがらせ電話をしてくる。しかも相手は女性である。ドロドロとした権力抗争末期の出来事である。

十月十九日深夜、新総裁が指名された。

二年九カ月にわたるあの抗争で、懊悩《おうのう》しなかった田中派議員は一人もいなかったに違いない。そして、私にもそれなりのさまざまな思いがある。

日本の政界は、主人が言うように、もっと明るく風通しが良くならなければいけない。政策決定はもとより、党の総裁選びなどの重要な人事は、選挙という原点にたち返ってほしい。話し合いは、取引と妥協の場になりやすく、利害と感情的対立の禍根を残す。

国会の場で堂々と議論することなく、姑息な根回しや裏取引による政治には反対である。問題点をすり替えたり、巧妙に責任を転嫁したりすることが政治なのだと心得ている政治家たちの体質に将来の不安を覚えてもいる。

ロジカルな思考に立脚した明快で合理的な政治運営に転換してゆかないと、いつまでも〝感情〟が支配し、最終決定をも下すような非科学的政治からの脱却は望めない。

「日本の国会は議員数が多すぎる。もっとスリムになって選挙制度も政治資金の問題も抜本的に改革をしないと、自民党だけではなく、国自体が潰れてしまう。質の高い政治家づくりをするための改革もお父さんに残された仕事だ！」

かねてから父は、質の高い国会議員づくりを口にしていた。父が希求し続けたそれら諸々の課題の解決と政策実現のためにつくられた木曜クラブ（田中派）という戦後最大の派閥は、その集団自体の重さに耐えかねて、潰れてしまう結果となった。なんとも皮肉な話ではある。

政界というところは〝泥に咲くハスの花のようなもの〟と言われるが、泥は泥でもメタンガスが発生するような状態では困るのである。美しい花を咲かせるためには、限りなく透明に近づくような水質にするためのたゆまぬ努力と監視が必須となる。父の時代にも、残念ながら池の水は濁っていた。しかし、田中角榮という政治家は、泥もたくさん吸ったが、きれいな花をいくつも咲かせたのではないかと思う。

昭和二十二（一九四七）年の初当選以来、昭和三十（一九五五）年には保守合同を経験し、池田、佐藤両内閣の蔵相として、戦後の日本経済発展の基礎づくりをした。昭和四十年代には、長期にわたる自由民主党幹事長として、東北、上越新幹線をはじめ、北陸自動車道、関東自動車道の貫通と整備、本四連絡橋の計画などの『都市政策大綱』をまとめ、そのほか、数多くの議員立法によって新しい国づくりを目指した。また、資源エネルギー外交をはじめとして、アジア近隣諸国との戦後の新しい関係構築に心血を注いできた。すべてが、戦後処理の延長線上の出来事であった。

なんども繰り返すが、父の気性は烈しく、何事も得心がゆくまで徹底的に議論をする。しかし、話せば必ずわかる人でもある。政治の理想を説いて本気で体当たりすれば、必ず親身になって協力もしてくれる。

幼い頃から、父が私に言い続けてきた言葉がある。

「事に当たっては微動だにせず、泰然自若としていよ。異変は前ぶれもなしに、突然待ったなしでやってくる。その時こそお前は正しい判断をしてくれ。お父さんがマキ子に望むのはこの一点だけだ」

一人っ子の私にとって、この言葉ほど重いものはない。

# 表と裏

上越新幹線の浦佐駅前には父の銅像がある。文化勲章を受章された長崎県出身の彫刻家、富永直樹先生の作品である。

上越新幹線開通を機に、新潟県内、主に魚沼市の旧越山会（父の後援会組織）幹部たちの発案で資金が集められた結果の産物である。しかし、この銅像建立にはいわくがあった。

そもそも父は生前から自分の胸像や立像、顕彰碑、叙勲の類には拒否反応が強かった。知人などからそれらの製作に尽力してほしいと頼まれると、協力は惜しまなかった。しかし、自分自身がそうしたものの対象となることは本気で嫌がっていた。

「人はどうしてそんなものをつくりたがるのかネェー」

と訝《いぶか》っていた。

「もし、お父さん自身のものをつくりたいと言われたらどうしますか？」

と母や私がたずねると答えは決まって、

「くだらん！　まったく、くだらん！　自分は生きている間に一生懸命仕事をする。それで充分だ！　人の評価は時とともに変化する。後の世に名を残したいと考えることと自体がつまらんことだ！」

と言ってまったく話にもならんという調子であった。したがって、父の銅像建立話は本人が元気なうちは立ち消えであった。しかし裏では、魚沼市出身の県会議員や組長（地域のまとめ役）を中心として資金集めが行われていたらしい。しかも、父に内緒で秘書たちが資金集めや銅像の製作者選びなどに関与していたことが後になってわかった。

この話が具体的に表面化したのは、父が脳梗塞《こうそく》になった後のことであり、この話を聞いた父は烈火の如く怒りだした。言語にマヒは残ったものの、幸いなことに頭はしっかりとしていた。間に立って困り切った母や私が、すでに資金集めや製作者も決定しているらしく、秘書たちがこっそりと父の写真などを先方へ手渡してしまっているらしいと説明をした。なんとか納得してもらおうと説得したのだが、父は頑として首を縦には振らなかった。そうこうしているうちに月日は流れた。

我が家では父の回復を目指して連日食事やリハビリ、気分転換のためのドライブや小旅行計画に家族をあげて協力していた。なにしろ当時は闘病中の父の姿や情報を求めて、メディア、殊に一発屋のパパラッチが周辺を常時うろついていた。それらから父の人としての尊厳を守ることが、私たち家族の最優先の課題であった。それでも、庭での散歩姿や軽井沢での様子が隠し撮りされて新聞紙上に公表された。入浴や父のリハビリは夫が担当してくれていたが、万一の転倒を心配して、引退したばかりの関取が手伝いに来てくれた。お相撲さんは体格が立派なうえに髷《まげ》を結っていたので、いくら洋服に帽子を被《かぶ》っても目立って仕方がない。目白台の家への出入りには相当苦労した。

春の桜、秋の紅葉など近辺へのドライブを孫たちと楽しんでいたが、自身はなんといっても地元新潟県で自らが手がけた公共事業の進捗状況を見たがっていた。そこで現長岡市の妙見堰《みょうけんぜき》や現南魚沼市の三国川《さぐりがわ》ダムの視察を敢行した。

朝早く目白台の自宅を出発した時は、ちょうど小雨が降っていた。辺りに人気《ひとけ》はなかった。東京・練馬から関越自動車道に乗ってしばらくすると、突然数台のパパラッチのオートバイが猛烈にスピードをあげて父の乗ったベンツに近づいてきた。あろうことか、そのうちの一台が車の前方に躍り出て、バイクを操作しながら後ろを振り向きざまにバシャバシャと連続シャッターを切った。後部左座席に座っていた父は突然、

「危ない！　危ない！」

と大声を発して制止させるようなしぐさをした。常日頃、言語療法士が「緊張しすぎると発語しにくいが突発的な状況になると話ができる」と言っていた通りであった。運転手さんもバイクを振り切ろうと必死でムキになり、高速道路上でのカーチェイスがしばらく続いた。しかも、いつの間にやら上空にはヘリコプターが二機も飛来し低空撮影を試みた。三国《みくに》県境で天候を気にしたのか一機は姿を消したが、残る一機は最後の視察地、三国川ダムまでしつこく追跡してきた。

「まったくもう……、ひどい奴らだ！」

という言葉が父の口をついて出てきた。父の隣にいた母と助手席に座っていた私はその言葉に感動したが、オートバイとヘリコプターによる雨中での執拗《しつよう》な追跡に身の危険を感じた。そしてまるで獲物を狙うように危険を冒してまで人権を侵害し、それを売り物にしようというマスコミの魂胆に腹が立った。緊張のあまり運転手さんがスリップ事故を起こすのではないかと気が気ではなかった。平成九（一九九七）年にパリのトンネルでパパラッチに追われて起きた英国ダイアナ元皇太子妃の事故も、これと同じような状況で発生したのではないかと想像がつく。

その夜は西山町（現柏崎市）の実家泊りとなった。マスコミによる猛追撃を無事振り切ったことよりも、自らが手がけた公共事業の進捗状況の視察をできた父は大満足で、その晩、運転手さんも含めて久しぶりに盃を傾けたことはもちろんである。夜七時のＮＨＫニュースでは〝田中元総理、久しぶりの地元入り〟というナレーション付きで、高速道路をひた走り三国川ダムに辿《たど》り着いた様子が大々的に放映された。今、振り返ってみても、あの時の解放感に満ちた父の笑顔は終生忘れることはできない。

リハビリは我慢と忍耐の連続である。夫はリハビリにはモチベーションとなる大きな目標が必要であると、かねがね主張していた。そこで、近づく日中国交回復二十周年の年の訪中には、我々家族や医師のほかにどなたか政治家にも同行してもらおうということになった。早速、議員便覧を父に示すと、不自由でない左手で山下元利《がんり》氏の名を指差して、

「これこれ」

と言ってうれしそうにカラカラと笑った。山下先生を同行させろという意味である。その後の父は発語訓練、歌、書字、歩行訓練に以前にも増して猛然と取り組んだ。中国政府に内々に打診すると、中国側は田中訪中が再実現できるのであればどんなことでも協力し、万全の態勢を敷くと回答してくださった。事実、平成四（一九九二）年八月、日本航空機一機をチャーターし、山下元利先生を含む我々家族七人や医師は五十

台の車椅子をお土産にして羽田空港(東京国際空港)を飛び立った。車椅子は広大な中国国内で父と同様に難儀をしている障がい者の方々に中国政府を通じて配っていただく目的であった。車椅子一つひとつには〝贈・日中国交回復二十周年記念　田中角榮〟という銘板を取り付けた。

我々が乗った航空機の到着時刻が近づくと、中国政府は北京首都国際空港を閉鎖してすべての航空機の離着陸を中止した。父が乗った機の安全着陸を実現させるためである。「あのようなことは生涯経験することは絶対ないであろう」と日本航空のパイロットが帰国時に語ってくれた。航空機の足元には二十年前に初訪中した際の紅旗(中国・第一汽車の高級車)が横づけされており、中国政府要人がズラリと並んで拍手をもって出迎えてくださった。当時のことは別項に記すこととする。

話は脇道にそれたが、昭和六十(一九八五)年、銅像は浦佐駅前に建立された。除幕式も無事終了したのだが、私には一抹の不安があった。それは夏は灼熱、冬は豪雪のこの地で、銅像やその周辺が荒れるのではないかということであった。事実、数メートルの台座の上に建つ銅像は頭に帽子を被せられたり、いたずら書きはされずにすんでいるが、周辺には夏草が生い茂り、冬には肩や頭まで雪が降り積もって両目しか見えないこともあった。あまりのことに私はいずれこの像には屋根か、なんらかの囲いが必要であろうと思っていたので、さっそくその旨を建立期成同盟会の方々に相談した。一般の村民の方々からは、

「あれでは田中先生が可哀想だ」

「自分たちは貧者の一灯でしか先生のご恩に報いられなかったが、今の状態ではあまりにもお気の毒だ。是非屋根をつけてあげてください」

と温かい返事をいただいた。ところが幹部の人たちは、

「屋根のついた銅像なんて世界中で見たことがない！」

「銅像が寒いなんて聞いたことがない！」

「そもそもお金がない！」

そしてついには、

「またマキコが無理難題を言い出した」

という陰口までが私の耳に届いた。傘子地蔵の話ではないが、銅像は単なる金属の塊と考える人もあれば、〝人のかたちをしている以上魂が宿る〟と考えて感情移入する人もある。私たち身内が後者であることは間違いがない。

　そこで製作者である富永先生に相談したところ、

「銅像のイメージを損なわないような囲いをデザインしましょう」

とおっしゃり、透明な強化プラスチック（ポリカーボネート）を使用したスッキリとした屋根が完成して今に至っている。ところが、屋根の完成に至るまでの間に週刊誌などに私を誹謗《ひぼう》中傷する記事が載るようになった。切ないことに、そのどれもがある種の人格攻撃であった。なかにはテレビの取材を受けて、

「田中角榮が今日あるのは我々選挙民のおかげである。我々が田中角榮をうまく使った結果、新幹線が通るようになった。その我々の地元に顕彰する銅像を建ててやるのにいったいなんの不満があるのか！」

さらに、

「あの娘は親の苦労知らずの馬鹿者で、銅像に屋根をつけるなどと言い出している」

と息巻いている人もいた。なんと粗忽《そこつ》で、偏狭な考え方かと呆《あき》れると同時に悲しくなってしまった。生前の父がこんな本音を聞いたらなんと言うだろうか……。

「だから自分の銅像はいらないと言ったではないか」

と言うであろうか。

政治家と有権者の間には、互いの協力で国や地方の生活を良くしたいという善意と信頼に基づく暗黙の了解があると思う。しかしどちらか一方がその含意を失念した

り、蹂躙《じゅうりん》すると互いの信頼関係はたちまち破綻する。

自分の意に沿わない考えを述べる人間は〝敵だ〟と言わんばかりに、事あるごとにマスコミを通じて世間へ喧伝することは、現在の日本の政界でも堂々と罷《まか》り通っている。

この延長線上で、私に対する出所不明な人格攻撃を後年、外務大臣在職中に国会質問等で受けたことがある。その遠因は闘病生活によって政治力はもとより、人としての立場が弱くなった父の隙を突いて、我欲を通そうとする人々、殊に父のごく身近にいた人が流布した悪意に満ちたデマのたぐいであった。

銅像と言えばもう一つ事件があった。

新潟県内には父の銅像がいくつかあるようである。なぜか世間で田中角榮人気が盛りあがると、安価な父のミニ像が全国で大量に販売されることがある。これらの物は本人には似ても似つかぬシロモノであることが多い。また私が大臣や政府の要職に就くと、なんとも豪華な〝田中角榮本〟なるものがどこからともなく出版される。私が地方講演に出掛けると前述のミニ像を、

「これを大事にしています」

と言って見せにくる方や、怪しげな出版物に、

「サインをしてください」

と頼まれることもあった。私は半ば呆れ、

「これはいったいどこで入手されたのですか?」

と必ず聞くことにしていた。相手はとても大切にしているらしく、不思議そうな顔をされることがほとんどであった。なかには田中家がそれらを販売していると勘違いしている場合もあり、始末が悪い。顧問弁護士と相談の結果、出版元を告訴したこともある。あるケースでは東京都内のアパートの一室を出版元としてあり、警察が捜査に踏み込んだ時には、もぬけの殻であったこともある。その筋のグループが、当家関連事務所の人と内通して、お金儲け目的でアングラで出版したいかがわしいシロモノであるということが判明した。


中央工学校は父が苦学して卒業した母校である。現在は関係のない人が校長兼理事長を務めているようだが、中央工学校の創立者の息子が数十年前に私の父の胸像と自分の父親の胸像を校内に並んで建てようとしたことがある。父は政治家になってから、母校の校長や理事長を務めたこともあったが、多忙を理由に創立者の息子に理事

長を任せた経緯がある。当時、まともな定職を持たない彼の将来を案じていたことも事実であった。

二つの銅像建立案はもちろん当家には無断であった。ところが悪いことはできないもので、私の子供たちがたまたま練馬区桜台の友人の家へピアノレッスンに通っていた時に事は発覚してしまった。

レッスン後の雑談中に、

「そういえばウチのすぐ近くで、田中さんのおじいちゃまの銅像をつくっている家があるのよ。ご存じ？」

と言われて、またかと私は呆れた。

「しかもお宅の秘書の○○さんという人が、しばしばその家を訪れて田中角榮先生の写真や図面を持ち込んでいるという噂よ」

ということであった。直ちに当該秘書に確認すると顔色は変わったものの、とぼけていた。友人を通じて再度確認したところ、その人は実直な彫塑家で、もう一体の別人の製作も頼まれており、二体を同時に中央工学校へ納入し、校庭に展示する予定であると聞き及んだ。「眞紀子さんがご覧になりたければいつでもお見せします」という作者からの伝言も添えられた。ほとんど世の中では無名に近い創立者としての自分の父親を称えたいという息子さんの意図は充分理解できたが、父と並列にしたいという心はなんとも不純に思えた。何も知らずに秘書の指示通りに作業を進める芸術家のためにも、私はあえて見に行くことはしなかった。その息子さんはしばしばお茶を飲みに目白台に出入りしていたのだが、私たち家族には進行中の像の件はひと言ももらすことはなかった。

家族会議の結果、公人としての父の肖像権には法律上の問題点もあり、弁護士に相談した。

裁判の結果、父の胸像だけは展示してはならないという判決が下りた。彫塑家の著作権と製作費用のこともあり、もう一方の像とは別に、父の胸像は校内の倉庫に永久保管し、人目には触れさせないということで決着した。

その後しばらく経ってから、父の胸像が校内に展示されているという話もあったが今もって確認はしないでいる。

世間で有名になるとどういう現象や結果を招くか！　アクションを起こすとリアクションがあり、表には必ず裏がある。時の経過とともに、人や物は変質するということだけは確かである。

# 北京にて

昭和六十二(一九八七)年九月。二階堂訪中団に同行して、主人と私は生まれて初めて中国を訪問した。初めて見る北京の街は雨にけむり、ビニールマントを着たたくさんの人々が自転車をこいでいた。

父と毛沢東および周恩来中国首脳による、日中国交回復の歴史的調印からまる十五年経った、同じ九月の訪中であった。

その間、訪中のお誘いや機会もあったが、私たち家族にとって中国という国は特別な意味を持っており、軽々と出掛けるのは憚《はばか》りたいという思いが、いつも先行していた。

かねてから、

「お前には世界中を見せてあげよう。それがお父さんの夢だ!」

と語り、その言葉通りに英国バッキンガム宮殿でのエリザベス女王への拝謁《はいえつ》をはじめとして、機会をとらえては世界の国々の色々な側面を見せてくれた父であったが、訪中の時だけはまったく違っていた。

「歴史的に見ても、我が国が中国から学んだ事柄は大きい。にもかかわらず、その中国に対して日本が与えた被害は甚大なものがある。お父さんは、かつて中共と呼ばれ、その実体がほとんど知られていない隣国へ、日本の戦後処理と、新しい日中関係を拓くために乗り込むことにした。何が起こるかわからん。お父さんは生命を賭《と》して出掛ける覚悟を決めた。だから今回だけは、お前を連れてゆくわけにはいかない。皆でしっかりと留守を守ってくれ！」

この言葉を残して、昭和四十七（一九七二）年九月二十五日朝八時十五分、父は北京へと飛び立った。当時、日本の保守政界は親台湾派がいわば主流であり、党内に〝田中訪中反対〟の合唱があると同時に、〝田中訪中阻止〟〝暗殺〟といった右翼団体の不穏な動きも表面化していた。〝生命を賭す〟という父の思いは、今にして思えば、限られた情報しかない中国の国内情勢に対する不安とともに、日本国内のこうした状況をも踏まえてのものであったと思う。日中問題とはすなわち台湾問題だと父は言っていた。

警視庁は不測の事態に備えて重大警備をしき、緊迫してものものしい雰囲気のなかでの旅立ちであった。

周恩来首相の出迎えを受けた父の一行が晴天のもと、初めて北京の土を踏みしめた瞬間から、すべての行動は細大もらさず新聞、テレビによって大々的に、日本全国に速報された。中国がいったいどんな国であるのか、これから何が起こるのか、日本国民の一人ひとりが固唾《かたず》をのんで見守っていたのである。世間の関心をよそに、私たち家族は、父を無事自宅に迎えるその日まで、不安で眠れぬ夜を過ごした。

今日では歴史的事実となったが、父は率直明快に訪中の意図を語り、日中間の国交を回復して帰国した。帰宅後、すぐに和服に着替え、寛《くつろ》いで茶の間に座った父は、

「周恩来首相とは会った瞬間の気合いで、よし、この人となら話ができると感じたよ。安心もした」

と開口一番に語った。そして北京・上海両市での予期せぬ中国人民あげての華やかな祝賀の様子を語り、

「眞紀子にだけは見せておきたかったナァ。中国の子供たちは、あどけなくてかわいい。毛沢東にも周恩来にもお前を会わせたかった。偉大な政治家にはめったにめぐり合えるものじゃないからネェ。無事、調印を終えた瞬間、お父さんは、ああ、眞紀子の奴を連れてくるんだったナァと後悔したよ!」

と言って、右手を顔の前に立てて、〝スマン!〟という身ぶりをした。調印の日には、私も東京のあるテレビ局の特別番組に招かれて、宇都宮徳馬、田川誠一両代議士

とともに出演中だったので、私も間接的に調印式に参加していたようなものよと返事をしておいたが、内心は〝生命を賭す〟ほどの緊張のなかでも、こんなお転婆娘のことをちょっとでも想い出してくれていたという父のなにげない言葉に、胸が熱くなった。

父の訪中に内閣官房長官として随行なさっていた二階堂進先生のおかげで、私たち一行九名は迎賓館《げいひん》「釣魚台」に宿泊させていただき、鄧小平氏をはじめ、中国政界要人との会見や会食など大歓待を受けた。周恩来元首相の未亡人、鄧穎超《とえいちょう》先生は高齢でいらっしゃるにもかかわらず、私たちを中南海のご自宅でのお茶会に招いてくださった。その席で鄧先生は、

「二階堂さん、田中角榮先生のご家族を中国へ連れてきてくださって、ありがとう」

とおっしゃり、父の病状をたずねてくださった。そして、「二階堂さんはしばしば中国に見えているので、今回はあなたへのお土産はありませんよ」と冗談を言われ、ピンクと紫模様のシルクの布地を、洋服に仕立ててくださいと私に手渡してくださった。以前、国交回復後の訪日で鄧穎超先生が目白台の拙宅を訪問してくださった折に頂戴したお土産の一つに、緑色の目のさめるような色鮮やかで重厚な、中国の伝統織

物があったことを覚えていた私は、西洋的でとてもモダンな柄ゆきのピンクと紫の布地に、〝ああ、中国は近代化しているナ〟と感じた。

「周恩来は、あなたのお父さんに会った瞬間に、国交回復はできると確信したと言いました。田中角榮という日本の政治家を得て、初めて中日国交回復が成ったのです。あなたのお父さんとでなければ、今日の新しい中日関係はあり得ませんでした」

と明言された。私はすぐにでも日本へとんで帰り、鄧穎超先生のこの言葉を、リハビリテーションに汗を流している父に伝えてあげたいと心が逸《はや》った。

夕方には釣魚台の養源斎において、呉学謙外相主催の内輪の夕食会が催された。釣魚台という所は、ちょうど上野の不忍池《しのばずのいけ》を美しく整備したような広大な庭園で、中に数棟の迎賓館がポツリポツリと建っている。赤いぼんぼりに灯の点《とも》った美しい養源斎での夕食のひと時。かつてこの同じ場所での晩餐会《ばんさん》に臨んだ父はどんな思いでいたのだろうかと、想像せずにはいられなかった。昭和四十七年、帰国した父から、一行が宿泊していた釣魚台の別棟に、カンボジアのシアヌーク殿下が密《ひそ》かに宿泊していたらしいという想い出話を聞いたことがあると隣席の呉外相に話したところ、外相は今もカンボジア、ベトナム問題で中ソは紛争していると話された。偶然、私が外相の折衝相手である今の駐中ソ連大使は誰ですかとたずねたところ、〝トロヤノフスキー〟という言葉が返ってきた。トロヤノフスキーとは、元国連大使のオレグ・トロヤノフスキーのことかと問うと、その通りだと言う。

「トロちゃん?」

と私は思わず口走ってしまった。トロちゃんとは、父の内閣当時の駐日ソ連大使で、父とブレジネフ書記長、コスイギン首相との北方四島領土返還交渉にクレムリンで立ち会った、ソ連きっての高級官僚である。彼の父親も外交官で、駐米大使としてワシントンに駐在した時期に息子のオレグ氏もアメリカへ渡り、クェーカー教の高校で教育を受けた経験のある人でもある。したがって英語もうまく、日本語もジョークを言うほど達者であった。パーティーなどで顔見知りとなり、私がアメリカではたった二校しかないクェーカー教の高校の卒業生とわかると、「同窓生だ」と言って俄然《がぜん》親しくしてくださった。夫人のタチアナさんも気さくな方で、私のモスクワ滞在中には、公式日程のほぼ全行程を共にしてくださり、また私どもの長女が生まれた時には、わざわざソ連から金色の飾りのついた珍しいスプーン・セットを取り寄せてお祝いしてくださった方でもある。

北京にあのトロヤノフスキーご夫妻がおられる。信じられない思いと、懐かしい思いとで、私は晩餐会に同席していらっしゃった中江要介大使に、

「ソ連大使にお会いすることはできるでしょうか?」

と難問と知りつつもたずねてみた。中江大使が呉外相のほうをそっと覗かれたので、私は同じ質問を率直に呉外相にしてみた。

「カンボジア、ベトナム紛争のデリケートな問題はよく理解しています。でも、もし呉外相のご許可をいただけるのであれば、私は個人的に懐かしい想い出のあるソ連大使に会いたいと思います。会話はたぶん、シワや白髪がふえたの、孫はできたかといった、他愛のないものに尽きると思います」

と述べると、呉外相はひと呼吸おいてから、眼鏡の奥の柔和な瞳を一層優しくして、

「いいでしょう」

とおっしゃってくださった。

翌日の夜、主人と私は中江大使差し回しの〝紅旗〟に乗ってソ連大使館へと出向いた。車中、私はかつて訪ソをする時に覚えたわずかなロシア語を懸命に想い出した。

高い鉄扉の中のソ連大使館は亭々たる大木が密生していて、外から中の様子はまったく窺《うかが》い知れない。鉄扉の内側には、すでに命を受けたソ連人護衛官の乗った小型車がライトを消して待機しており、〝紅旗〟の到着と同時に開門して、私たちの車を先導してくれた。屋敷内はそれほど広く暗く、いくつかの川や橋を越えて走った。

やがて、本館とおぼしき所で車を下りると、懐かしいトロちゃんが玄関に出迎えてくださった。太って老いの影がさしていたが、鋭い眼光に不釣り合いなかわいい笑顔は昔のままだった。あいにく、タチアナ夫人はモスクワに帰国中でお留守であったが、さっそくお茶とケーキをつまみながらのお喋《しゃべ》りが始まった。

「エーと、自民党最大派閥の田中派は三つのグループに分裂した。そしてお父様は脳梗塞《こうそく》になった。合っていますか？」

と英語で言う。

「三つのグループ？」

と問うと、

「大きいのと、小さいの。そして、そのどちらにも属さなかった人々のグループのことです」

と明快な言葉が返ってきた。

「KGB情報ですか？　正確ですね！」

と私が笑うと、

「いやいや、世界中が知っている事実です」

と言って彼も笑った。大使は日本の政界事情にもなかなか精通していて、主人に幾人かの政治家の消息についても質問をしていた。東京・狸穴《まみあな》のソ連大使館周辺の景色が変わったかどうかについても関心を持っておられた。こんな広壮な敷地の住人ではさぞ寂しいでしょうと言うと、ここは昔の中国の修道院跡地なのだと話してくれて、革命前の中国の様子に私たち三人は思いをはせた。話題は尽きず、暗くて大使館の庭を案内できなくて残念だという大使の言葉を汐《しお》に、私たちは辞去した。帰りもまた先ほどの先導車がついている。私が想い出せる限りのロシア語と英語でお礼を言うと、大使は別れの挨拶を日本語で語り、車が見えなくなるまで、玄関先に立って見送ってくださった。

私たちの初訪中は日数も短く、政府関係以外の方々と話をする機会はあまりなかったが、私は改めて国益を守りつつ、他国とも協調してゆく外交の厳しさを思い、一方では個人としての人と人のつながりの素晴らしさを感じつつ、帰国の途についた。

# 父、二十年目の北京

## 二十年ぶりの訪問

このたび、中日友好協会及び中国政府のご好意で中国再訪が実現し、万感胸に迫るものがあります。

一九七二年、当時五十四歳であった私が日本の総理として下した決断が、間違ったものではなかったことをこの目で確認したい一心で、再び貴国を訪問致しました。

この二十年間私は、日中間のあらゆる出来事を片時も目を離すことなく見守り続けて参りました。当時の国際世論と日本国内の政治情勢の中にあっては、日中国交回復は時期尚早という意見が大半であり、自民党内から私は激しい弾劾《だんがい》を受けました。

しかし、私には一瞬のためらいも、迷いもありませんでした。それは、政治体制の違いを超えて、世界平和と人類の幸福を実現するために、自らの責任において決断し実行することは、政治家の使命であると考えていたからであります。二十年前の九月、私は一命を賭《と》する覚悟で羽田空港を飛び立ちました。日中国交回復は神が私に与えた天命であったと今も信じています。初対面ながら、私は毛沢東主席の圧倒的知識の広さ、周恩来総理の研《と》ぎすまされた人格的深さに多大な感銘を受けました。

再び北京の地に立ち、両雄との再会が叶《かな》わぬことを改めて悲しく思います。私の胸には、毛主席の温容と周総理の声がこだまし、哀惜《あいせき》切々たるものがあります。しかし、現在の自分が当時の周総理とちょうど同じ年齢に達したことを思えば、仕方のないことかとも思います。

このたび、山下元利元防衛庁長官をはじめ、私の家族七名と随行員も皆様から歓迎して頂いて誠に光栄に存じます。

現在、私は病気の後遺症で言語に不自由をしておりますが、私の真心を伝える使者として今日は孫の雄一郎に中国語の通訳を命じました。日本の語学教育のレベルと本人の力がどの程度であるかの判断は、ご出席の皆様方にお任せ致します。

終わりに、歴代中国政府要人の方々及び一般市民の皆さんから、いつも温かい激励を賜っていることに対し、この機会をお借りして衷心より厚く御礼申し上げます。

おみやげとして、中国の美しい空を汚染しない便利な近代的乗り物五十台を持参致しました。身障者の皆様のお役に立てば幸いです。

よい未来は、過去を正しく認識することによって構築されます。両国の更なる友好伸展を願って、乾杯を致したいと思います。

印象深い旅の実現に努力してくださった関係各位に対し、改めて厚く御礼申し上げます。

一九九二年八月二十八日

田中角榮

## 人民大会堂の晩餐会

平成四（一九九二）年八月二十七日から四泊五日の日程で、父は二十年ぶりに中国を訪問した。右の文章は、李鵬首相夫妻主催の歓迎晩餐会《ばんさん》が人民大会堂で催された折に、言語の不自由な父に代わって私が日本語で読みあげ、私ども夫婦の長男が高校時代に習得した中国語で通訳したものである。中国側は祝宴の会場として、当時の周恩来総理と父とが国交回復の調印式を行った東大庁の間を用意してくださり、李鵬首相は、「田中元総理、この部屋を覚えておられますか？　懐かしいでしょう。二十年ぶりにこの部屋に元総理をお迎えすることができたことを、私どもは大変光栄に思っております」

と挨拶の口火を切られた。杖をついて二、三歩入室した父は、

「おーっ」

と言って立ち止まり、高い天井と輝く照明器具、見事な衝立《ついたて》や絵画をゆっくりと、いとおしむように見回して絶句した。以前の父であったなら、このあと続けて快活な口調で話し出すに違いないのだが、今の父にそれを望むことは難しい。ことに感情が高ぶると、なおのこととっさに言葉が出にくいという症状がある。父が全身の表情とジェスチャーで感動と感謝を示している様子を見て、私は思わず落涙してしまった。

八年前に脳梗塞《こうそく》になって以来、数えきれないほど多くの方から激励を賜り、入院中やリハビリの現場などで献身的な協力をしていただいたおかげで、父がここまで回復し得たこと。そして中国大使館や中日友好協会、外務省、警視庁、日本航空、その他多くの関係者の努力とご好意のおかげで、今回の訪中が実現したこと。

そして、何よりも父自身が身体の不自由を押して、はるばる再びこの地を訪れることを決意した勇気。ひたむきな努力と強靱《きようじん》な精神力に改めて感動し、目の前に立っている父を尊敬せずにはいられなかった。

「お父さん、あの日に調印式をしたのはこのお部屋だったんですね」

という母の言葉に父は大きくうなずいてから、気を取り直したように歩き出し、李鵬首相に促されて席についた。

私は五年前に初めて主人と訪中した折に、周恩来総理の未亡人鄧穎超先生から賜った、ピンクと紫色のシルク生地で仕立てたワンピースを着て、祝宴に出席した。鄧先生は父との北京での再会を心待ちにしてくださっていたのだが、訪中の実現を待たずして、惜しいことに一カ月ほど前の七月に八十八歳で逝去されてしまった。

昭和四十七（一九七二）年九月、日中国交回復のために訪中した時の父は、五十四歳。日本の若き総理大臣の交渉相手であった中国側の政府高官は、周総理ご自身が当時すでに七十四歳であった。したがって、父がこのたび、再会を楽しみにしていた旧友のほとんどは鬼籍《きせき》に入ったか、入院中の身であった。

また、かつて拙宅を訪問してくださり、親しく会食をした趙紫陽氏や華国鋒氏は現政権のもとでは不遇をかこっておられる身で、再会もままならないという事情があった。

父の中国語のメッセージを聞き終えたとたん、李鵬首相は、

「お孫さんの今の中国語を採点して差し上げましょう」

とおっしゃり、厳しくつけると七十五点、甘くつけると八十点と言われた。下手なお世辞や外交辞令を言わぬ、率直なお人柄に私ども夫婦は感心し、息子はテレて頭を掻《か》き、二人の娘たちは、

「お兄ちゃま、あと二十五点分勉強しなくちゃね」

とニヤニヤしていた。

中国語には四声があって、たとえば「マー」という言葉も「媽」「麻」「馬」「罵」で発音の抑揚が微妙に違うそうである。中国人の知人からこんな笑い話を聞いたことがある。北京語で「あの水餃子《すいぎょうざ》一碗《わん》いくらか」と言う時に四声を間違えて発音すると、「あなた、一晩いくらですか」というふうに聞こえてしまうので、食堂のウェイトレスに話しかける時には、充分気をつけないと誤解されてしまうということであった。

父が初訪中した朝は、まるで戒厳令のようにものものしい警備態勢がしかれ、取材の新聞記者に取りかこまれながら我が家の庭に出た父は、一粒種の孫を抱き上げて、

「じゃ、おじいちゃんは出発するよ。北京はどっちだ！」

と言って早朝の空を見上げた。あの時はほんの二歳。ヨチヨチ歩きで腕白盛りであった我が家の長男が当時、大学四年生となっており、祖父の歩行の介助をし、想い出の地で中国語の通訳をしてくれた。私はそのことだけで、充分にうれしかった。し

かも中国の方々がしばしば口にする「子々孫々」を、文字通り家族の言葉のリレーで実行することができたのだから、幸運というほかはない。

二時間を超す宴会を無事にこなして、宿舎の釣魚台に帰りついたのは夜も九時をすぎていた。ここ数年来の父にとって、夜の九時すぎまで外出するということは、たえてなかったことであるが、久しぶりの茅台酒《マオタイ》の酔いもあってか、父は極めて上機嫌でご帰館した。

北京滞在中は朝十時から夕方まで、諸々の会見や行事日程がびっしりと並び、これでは健康な現役時代と同じじゃないかと内心心配をしていたが、そのスケジュールを遅刻することなく、すべてパーフェクトに父は消化してくれた。王震国家副主席を入院中の病院へお見舞いする。中国身体障害者協会にお土産として携行した五十台の車椅子の贈呈式。姫鵬飛元外相(国交回復時の外相)夫妻との会見。中南海での江沢民総書記との会見。元駐日大使らを中心とした外交部幹部および文化人とのお茶会。天壇《てんだん》公園と頤和《いわ》園へのドライブ。アジア大会競技場跡地の視察、等々。

三里屯《さんりーとん》にある日本大使館公邸での昼食会だけは、せっかくの橋本大使ご夫妻のご好意ではあったが、後に続く中南海での江沢民総書記との会見の移動時間との兼ね合いで、とりやめにさせていただいた。

このほかにも当時、大、高、中学生であった三人の孫たちの希望を取り入れて、盧《ろ》溝橋《こうきょう》、紫禁城《しきんじょう》、万里の長城の見学も上手に日程に組み込まれていた。

## 「政治には愛が必要だ」

かつて父の外国訪問といえば、そのすべてが、日本の政府を代表してなんらかの重要案件を決定してくるという、大きな任務を抱えたものばかりであった。与党の族議員同士や与野党の議員が超党派で誘い合って視察という名目の、物見遊山に出かけるような外遊とはまったく質を異にした旅ばかりであった。

そもそも昭和三十二（一九五七）年に三十九歳の史上最年少閣僚として父が岸信介《のぶすけ》内閣の郵政大臣に就任して以来、私たちの生活は一変した。「私」の中に「公」が突然なだれ込んで来たのである。爾来《じらい》、四十四歳で大蔵大臣となり、政調会長、大蔵大臣、幹事長、通商産業大臣、内閣総理大臣と政界の階段を駆けのぼるにつれて、父の外国訪問は頻繁になっていった。

殊に昭和三十年代後半に、池田勇人内閣の蔵相に就任した時には、高度経済成長政策の結果として日本の経済力は著しく向上し、外貨の手持ちが十八億ドルを超えていた。ＩＭＦ（国際通貨基金）では、国際収支の赤字国家に対しては短期資金を貸し出す仕組みになっており、日本はそれまでのドル不足による輸入制限が認められていた十四カ国から八カ国へと移行するよう、国際社会で強く求められている時期であった。

第二次世界大戦後十数年しか経ていない日本が西欧主要国家に次いで、八カ国移行を宣言しその実施に踏み切るということは、外圧と国内との調整の間にあって、大変な決断を要する出来事であった。

当時高校生であった私は、父のお供でワシントンで開催されたＩＭＦ総会にも出席し、世界中の蔵相や中央銀行総裁と丁丁発止の議論をする父の様子を毎日間近で見続けていた。

かわって、佐藤栄作内閣の通産相として日米繊維交渉という難物を処理し、総理大臣就任と同時に、電光石火でやってのけた日中国交回復。それに続く資源エネルギー外交に先鞭《せんべん》をつけるべく歴訪した、欧州、カナダ、南米そしてソ連。ソ連では当時のブレジネフ書記長、コスイギン首相との間で北方四島一括返還交渉など、それこそ父はいっときの休息もなく真剣な外交交渉を続けてきた。

国内においては、政治的不遇時代にコツコツとまとめていた『土地政策大綱』をもとにしての『日本列島改造論』の実現を目指し、文字通り、東奔西走、八面六臂《はちめんろっぴ》の活動ぶりであった。

日本列島改造論は、結果として土地の急騰などの問題を招き、途中で頓挫《とんざ》の憂き目をみたが、経済、文化、情報の地域間格差是正のためには全国交通網の整備拡充が必須であるという、父の政治哲学は今も理解されているといえよう。とくに北海道、九州、四国への本土からの直結路構築という父の永年の夢は、青函トンネルと鉄路の完成、新幹線の福岡乗り入れ、本州四国連絡橋の建設という形で実現を果たした。

かつて幼い頃に私は、父にどうして政治家を志したのかと素朴な質問をしたことがある。その時父は、「政治には愛が必要だ。大きな意味での人類愛、そのことが世界平和を築くもとになるのだ」と決然として言ってのけた。キョトンとしている私を尻目に、父は次のような話をつけ加えた。

「雪深い越後の寒村で生まれ育った自分は、貧しさと大雪で二人の妹を亡くした悲しい想い出がある。道路を整備し、トンネルを掘り、橋を架けることは、雪国に住む人々の権利を守るうえで不可欠なことなんだよ」

そして政治、経済、文化、情報などを地方都市へ拡散することによって、それぞれの地域に根ざした豊かな社会生活を営むことが、可能になるのだともつけ加えた。

父という人は今思うと、まことに変わったおやじでもあった。あれほど公務多忙な日常であったのに、帰宅すると夕食時に決まって、私に政治レクチャーをして熱弁をふるった。もともと私が小学校高学年の頃から、新聞記事のトピックスの解説を父にねだる癖があったことも、大きく関係しているのかもしれないが、聴衆が私一人きりであるというのに、具体的な数字をあげて熱心に話して聞かせてくれた。

世の中では、家庭に帰れば仕事の話は一切しないという男性が多いように聞いているが、我が父はいつでも政治の理想と現実について茶の間で大いに語った。あまりに複雑で専門的すぎてわからないと不満を言うと、

「いいさ、何度でも話してやるよ。そのうち、わかる時が来るさ。今日はこれまで」

と言って役所から連日届けられる膨大な資料と、愛読書数冊を抱えて二階の寝室へと引きあげてゆくのが常であった。

一人っ子の私は、小学生の頃までは両親と川の字に布団を並べて寝ていたのだが、ふと夜中に目覚めても、明け方も、いつ見ても父は布団の中に腹ばいになって紫煙をくゆらせながら、赤青鉛筆で細かいグラフや一覧表をつくり、演説の原稿を書き、役所の書類に目を通したりしていた。いつ見てもいつ見ても、夜中の父は仕事をしており、いったいこの人はいつ眠るのだろうかと不思議に思ったりしたものである。

時折、父の布団の中にもぐり込んで昔話をせがむと、決まってヤマタノオロチの話をしてくれた。

〝暗がりの中で大きな大蛇が目をらんらんと光らせて、カメの中の酒をガブリ、ガブリと旨《うま》そうに飲んでいる〟というくだりの表現が妙に臨場感があって恐ろしく、息を殺して聞いていた私が、

「お父さん、お酒ってそんなにおいしいものなの？」

とたずねると、

「ああ、そりゃ旨いさ！　よく冷えたカメの酒は特別に旨い！」

と決まって答えたものだ。ガブリ、ガブリという時の父の横顔は、なんだか大蛇の化身のようで恐ろしく、またそのくだりを聞きたい一心で話をせがんだように記憶している。

父の世界観というか歴史観も、我が家の茶の間で、繰り返し繰り返し熱っぽく語られてきた。その基本は西洋文化圏においては、科学や経済が分析的合理的思考に立脚して発展してきているのに対し、東洋においては、多分に情緒的総合的価値判断が尊重されてきている。その異なった両文化圏が互いの立場を理解しつつ、発展的融和による平和と繁栄を確立するためには、どのような政策を取るべきかを、政治家は常に

頭に入れておかなくてはならない、というふうなものであったように理解している。

具体論としては、父は漢民族の優秀性にはいつも一目も二目もおいた発言をしていた。地球上のあらゆる地域で生きのびている華僑《かきょう》の逞《たくま》しさを見よ。ユダヤ人もそうだ。彼らの商才とネットワークは、恐るべきものがある。しかも十億を超える民が、我が国と一衣帯水《いちいたいすい》のかの地で生活をしている。この現実を、日本はいつまでも黙殺していることはできない。

昭和二十七（一九五二）年のサンフランシスコ講和条約の発効以来、我が国と台湾は深い関係にあるが、日米の絆を唯一の枢軸《すうじく》として今後日本の外交を継続してゆく限り、東洋文化圏は逼塞《ひっそく》してゆくであろう。中共と呼ばれ、実態の不明な中国で、万一、大革命や天災が起こり、難民として世界各地に中国の人々が溢《あふ》れ出したならば、世界の政治、経済の秩序はいったいどうなるであろうか。十億を超す民が世界中へ溢れ出る時の混乱を想像してみたまえ。それは大変な事態を引き起こすだろう。あの優秀な民族が自国内において、豊かな生活を享受できるように世界中の国々が真剣に考えるべき時が来ている。二千年以上の往来の歴史がある日本は、戦時中の侵略行為を素直に詫びて、新しい関係を拓いてゆくべき立場にある。

だいたい以上が父の対中国観であり、胸の中で永い間熟成させてきたこの熱き思いが、昭和四十七年に自民党内の大多数の台湾派を押し切っての「一命を賭する覚悟」での訪中につながったのだと思う。

## 初の訪中、出発の朝

二十年前に、未知の国、中国へ出発する日が近づくと父は、これまでの外遊と同様に、てっきり同行させてくれるものと思い込んでいた私の目をしかと見つめてこう言った。

「確かにお父さんは、眞紀子に世界中を見せてあげようと約束をし、今までもその通り実行してきた。しかし、今回の訪中だけは別ものだ。中共という国が赤いカーテンの向こう側で何をしているのか、何をしようとしているのか何一つとして正確な情報はない。しかも日本国内においては台湾派、親米派による猛烈な反対がある。前門に虎を拒《ふせ》ぎ後門に狼を進む覚悟で出発するのだ。いつ撃たれるか、毒を盛られるかわからぬ状況で出発をする。我が家のたった一人の跡取りであるお前は、どんなことが起こっても取り乱すことなく、毅然《きぜん》として正しい判断をしてくれたまえ。お父さんが今、眞紀子に望むのはその一点のみだ！」

そして、

「いつか日中両国の人々が、笑顔で自由に往来できる日が必ずやってくる。その日を実現するために、お父さんは一命を賭する覚悟で北京へ旅立つ」

私は返す言葉を失った。

そして前に立ちはだかる壁は、交渉相手となる中国政府そのものや台湾派だけではなく、今回同行する官僚スタッフも交渉の成り行きしだいでは、父の決断をにぶらせる壁となる可能性もある、と言い放った。自分の腹は決まっているが、訪中後に後ろからタマが飛んでくることもあり得る。すべては北京に着いてから、現場に着いてから始まる。交渉事とはそういうものだ、と言っていた。

現に、九月三十日の午後、北京から無事帰国した父は皇居へ赴いて帰国報告の記帳をすませ、その日のうちに両院議員総会に出席した。

その席での親台湾派議員の田中弾劾は、激烈を極めたという。二つの中国ということはあり得ない。これまでの中華民国との国交は断絶し、中華人民共和国を唯一合法な中国政府と認める決定をした、という父の主張は一貫し、火を噴くような激論がかわされたと後で聞き及んだ。

同夜、帰宅後やっと浴衣に着替えて茶の間にどっかりと座り込んだ父の口からは、色々なエピソードが語られた。まず開口一番、

「やっぱり眞紀子を連れていってやるんだったナァ。毛、周両氏は経綸《けいりん》を持った大政治家だ。あれほどの人物にはめったにめぐり合えるものじゃないからネェ。無事調印を終えた瞬間、お父さんは、ああ、眞紀子の奴も連れてくるんだったナァと後悔したよ！」

と言って右手を顔の前に立てて、〝スマン！〟という身ぶりをした。そして共同声明文の作成段階でのトラブルについても話してくれた。

「大平君が青い顔をしてワシの部屋に飛び込んできて、『兄き、事務方が動かないんだ。この交渉はダメになるかもしれんぞ！』と言った。大平君も役人出身だから、いざとなると事務当局と同じ発想しかできないんだネェ。ワシは来たナと思ったけれど、知らんぷりをして、『君らはワシと違って大学出だろう！　しかも東大出のエリートだ。いい知恵を出せよ』と言ってやった。すると大平君は泣きださんばかりの顔をしたので、『ダメなら酒でも飲んで寝ちまうんだな。そうすれば明日また、お天道様が昇って、良い知恵が出るサ』と言ってやった。奴《やっこ》さん、キツネにつままれたような顔をしてアタフタと部屋を出ていったよ。しかし皆が非常によくやってくれたんだよ、有難いネェ」

と付け加えた。

「君らは大学出のエリートじゃないか。良い知恵を出してみろ！」

これは父が東大出の官僚や政治家に対して、時々使うイヤミな言葉である。これを言われたとたん、ムッとした表情をして、そんなこと言われても……、と抗弁する人。あるいはニヤリとして、父のコンプレックスが言わせる言葉だとばかりに無視する人。たいがいがこの二通りの反応を見せる。

父は気づかぬふりをして、彼らのこうした反応をチラリと観察しておもしろがっているふうがある。そして結果として彼らを奮起せしめ、自分の思い通りのルートに乗せてしまうのが極めて巧みである。これだけは天賦の才能であろう。

とにもかくにも、あの時の田中弾劾の急先鋒たちは、二十年間に意識の変革を遂げたり、あるいは妥協をはかったりしてきているかに見えた。しかしひとたび、天皇陛下訪中問題などが起こると、彼らは俄然《がぜん》息を吹き返してくる。このような大切な案件決定に関しては、多くの賛否が巻き起こって、堂々の議論がたたかわされることは、大変結構なことであると思う。むしろ忌むべきは、政権担当者が主体的決断を逃れるべく右顧左眄《うこさべん》して、明快な態度を示さないことである。

父は日中二国間の枠組みを、突出したものとして確立しようと考えていたわけではなく、むしろ他のアジア諸国や、西欧国家との交流を視野に入れた場合に、すぐ眼《め》の前にある中国問題を無視しては極東の平和や世界の安定は構築し得ないと考えていたわけである。

さらに言及するならば、日米安全保障条約に拘泥《こうでい》するあまり、今後日本がアメリカ以外のチャンネルを持たない国家であり続けることに危惧の念を抱き、積極的に他国との直接チャンネル開設に動いたのである。

## 盧溝橋にて

話を元に戻す。このたびの訪中は家族七名そろっての初旅行であったために、いわば〝目白の茶の間〟が北京の迎賓館《げいひんかん》へそっくり引っ越していったような様相を呈した。やれ誰ちゃんはご馳走を三杯もおかわりしただの、やれ靴下が片方見つからないだの、お兄ちゃまがパジャマ姿で広い廊下を走っただの、やたら三人兄妹が喧《やかま》しくて閉口した。

毎朝、私がご飯ができたわよ、と両親や子供たちを大声で呼んで回る姿を見て、主人が、

「これじゃ迎賓館じゃなくて、客ダネの悪い下品館だよ」

とぼやき、接遇《せつぐう》に当たってくれた二十名を超す服務員たちも、我が家のドタバタぶ

りに目を丸くしていた。

私たち夫婦は、三匹の子供たちを初めて中国へ連れてゆくからには、なんとしても八年にわたる日本軍の侵略の原点である盧溝橋をぜひ見せておきたいと思っていた。はじめ中国側は、あそこは遠いし、あまり愉快な思いはなさらないと思いますよ、と渋っていたが、結局案内してくださった。

近代建築の立ち並ぶ北京市内を離れるにしたがって、極めて粗末な農家が点在し、道端では驢馬《ろば》に引かせた大きな荷車を老人がムチでたたき、幼い子供たちが裸足で駆け回っていた。公用車のベンツとアウディに分乗した私たちは、なんとも肩身の狭い思いをしながら、黙ってその風景を見ているしかなかった。

やがて遠くに立派な石橋が姿を現し、当時高校三年生の娘が、

「あれがマルコ・ポーロ橋。欄干《らんかん》には百を超す獅子《しし》頭《がしら》が並んでいるはずよ」

とすっとん狂な声をあげた。大学受験の知識として得たもののご開陳《かいちん》である。ところがすぐ隣に新設されたばかりの「中国人民抗日戦争記念館」を訪れ、館長自らの懇切な説明を受けつつ、展示品をつぶさに見学するにしたがって、全員が寡黙になってしまった。

日本の軍人が軍刀を抜いて、目の前でうなだれる中国人の首を斬り落としている写

真には「千人斬り競争」という陸軍のアジビラが貼られている。ガス、細菌、解剖による生体実験の様子を写真に撮り、さらに苦しんでいる様子が克明に絵に描き残してあった。

そのほか、実際に使用された拷問器具《ごうもん》の数々。紫禁城へ隊列を組んで、鉄砲を担ぎ軍靴《ぐんか》の音高く入場してゆく日本軍の実写フィルムの前では、夏休みのせいか、大勢の中国人観光客が立ち止まって見つめていた。

紫禁城といえば、映画『ラストエンペラー』の舞台でしょう、とさっきまで知ったようなことを言っていた当時、中学校一年生になったばかりの娘も、あの実写フィルムには目をむいた。帰路、長男が、「おれ、もう迎賓館のご馳走は辞退するよ。ラーメン一杯。焼餃子一皿で充分」と言ったので、「その気持ち、永久にお忘れなく」とすかさず私は申し渡しておいた。

ドタバタと言えば、私たちを案内してくださった中日友好協会のメンバーの皆さんと、子供たちはすぐに親しくなった。広い宿舎の中で、

「鄧さん、王さんと張さんはどこですか?」

とか、

「陸さんが陳さんと蔡さんと鄧さんを探していますよ!」

などと連呼するものだから、目白のお蔵の中からホコリをはたいて引っ張り出して来たような古風な我が母は、すっかり適応不全に陥ったらしく、和服姿に扇子をパタつかせながら、

「なんて難しい名前ばかりなんでしょう。いっそ、父さん、母さん、兄さん、姉さんだったらいいのにねぇ……」

とつぶやいたので、そばに居合わせた父と私は抱腹絶倒してしまった。

## 車椅子の人、鄧樸方氏のこと

この時の訪中の主たる目的の一つは、「中国残疾人福利基金会」という身障者団体に対して、五十台の車椅子をプレゼントすることであった。

十一億七千万人の総人口（当時）に埋没している中国の身障者への割り当てとしては、まったく微々たるものでしかないことはわかっていたが、開放政策の陰にあって、なんの楽しみもなく外出すらできずにいる方々への一筋の光明であってほしい、という父のたっての希望で携行していった品である。

思いがけないことに、同基金の理事長鄧樸方氏は、鄧小平氏の御子息であるとのことであった。同氏は文化大革命中に父親が政治犯として自己批判の札を首から下げ

て、三角帽を被《かぶ》せられ、街中を引き回された時期に、紅衛兵《こうえいへい》の攻撃の標的となって高台から飛び降りるよう命じられた結果、脊髄を損傷し、現在は車椅子の生活を余儀なくされているということであった。

約束の午前十時カッキリに、数人のお供の人とともに現れた鄧氏は、噂に聞いていていたよりずっと若く、三十五、六歳に見えた。大柄で堂々とした体軀に角刈り。鄧氏は瞳をキラキラと輝かせながら、まるで駆け込むように両手で車椅子をこいで広間の中央へと進み、並みいるカメラの放列の中で父の座っているソファの隣にピタリと駐輪し、頰を紅潮させながら、

「田中角榮先生《ティエンチヨンジヤオロン》」

と言って、しっかりと両手で父の左手を包み込んだ。父の目から涙が溢れ出た。一同は一瞬水を打ったように静まり返った。やがて鄧氏に私ども家族が紹介されると、彼はにこやかに微笑《ほほえ》んで、

「今朝は出がけに父のところへ寄って、父から田中先生への伝言を聞いてきました。父は元気ですが、政治は若い世代に任せて自分は外国人とも面会しない、と公言してしまったので、今日のようにぜひ会いたい方が見えても会えずにいるのです。しかし今日、私が代わりに田中先生にお目にかかれることを非常に喜んでおりました。くれ

ぐれもよろしく伝えてくれとの伝言です。そして、家族で日本のことを話す時には必ず、田中先生のお名前が出ます。昭和五十三（一九七八）年に、父が田中先生のご自宅を訪問した時のこともよく話題にのぼります。父からのお土産として、あの時目白台のお宅で一緒に撮った写真に父が署名をしたものを、樹齢三百年以上の楠の木の額に入れて持参いたしました。田中先生の長寿を願っている父の気持ちを汲みとってください」

と明快な口調で一気呵成《かせい》に語った。

父君鄧小平氏が拙宅へお見えになった時に、

「ホワンイン、ホワンイン！」（歓迎、歓迎）

と言って、小さな花束を差し出した、三歳だった私どもの長女は当時、十七歳に成長したこと。車椅子は一部の特権階級に配布されるよりも、一台でも多く地方の恵まれない人々の元へ届けていただきたいことなどを申し上げると、同氏は

「よくわかっています」

とおっしゃった。

貧しい、新潟県の寒村に育った父は、いつも恵まれない地域やそこに住む人々へ政治の光が当たることを望んでいるのです、と率直に申し上げると、

「私と貴女は今後姉弟のようなおつき合いができそうですね」

と言って、さわやかな微笑みを見せた。当時、中国政界のゴッドファーザー的存在、鄧小平氏は自らの政治史のなかで、我が子が犠牲になった現実をどう乗り越えてきたのであろうか。

そして、どれだけ多くの中国人民がそのことを知っているのだろうか。

その時、親の身代わりとして自殺行為をするよう命じ、そそのかした紅衛兵たちは、当時進行していた鄧小平氏主導の開放政策のなかで、いったい何を思っていたのであろうか。

ことの是非は別として、政治家の家族というものは常に一蓮托生《いちれんたくしょう》の宿命を背負っている。

鄧樸方氏は、鄧小平氏の子息ということで特別扱いされることを気にして、日頃は晴れがましい席に出ることは控えておられるという。

しかし、あの日は居ならぶマスコミをものともせず、まるで待ち望んでいた親との対面に駆け込むかのように、頬を紅潮させて広間へ飛び込んでこられた。彼は鄧小平氏の子息ゆえに、他の身障者よりもずっと優遇されることがあるかもしれない。

我が父も同じである。しかし、そのことは裏返すと、ほかの人々のように自由な行動はできにくいということになる。早い話が、私の父が一人で杖をついたり車椅子に乗ったりして、日比谷公園で散歩をしていたならどうなるであろうか。たちまち黒山の人だかりができて、握手をせがまれたり、写真を撮られたりして身動きができなくなってしまうであろう。

世間は時として私たち家族が父を不憫《ふびん》がって外に出さず、人との面会も妨害しているかの如く喧伝《けんでん》するが、認識不足もいいところである。私は鄧樸方氏に温かい連帯感を感じた。政治の持つ残酷さと素晴らしさの双方を知っている者同士が感じるぬくもりである。

北京でのすべての日程を終了し、八月三十一日の正午すぎ、私たちは帰国の途についた。

あの日の父の後ろ姿は、まことに印象的であった。機上の人となった父は、窓外に雲のあい間から見え隠れする中国の大地を、食い入るように見つめ続けていた。眼下には赤茶けた砂塵舞う大地が続き、抜けるような晴天のもと、黄河が悠然とした姿を現した。あらゆる時と空間をのみ込んで、静止している龍のような黄河。雲海がすべてを覆い隠すまで、父は身じろぎひとつせず、まるで中国に永遠のお別れをするかのように窓辺に額をすりつけて、去りゆく窓外の風景を見つめ続けていた。

つい先ほどまで、晩夏の光を浴びた槐《えんじゅ》の並木越しに我々一行を見送りに来てくださった橋本大使をはじめ、孫平化中日友好協会会長ら、関係者を乗せた十数台の黒塗りの乗用車が、飛行機の離陸を見届けてから、ふたたび車列を組んで北京市街のほうへ走り去ってゆく様子が見えた。

その窓辺に、やがて富士山がその全容をクッキリと浮かび上がらせた。

充実感と緊張感が交錯した北京での日々を無事終了した解放感から、随員一同はなんとなくざわついていた。

ふと家族の様子を見ると、主人は日本からの新聞に読みふけり、母は目をつむり、父は飽くことなく窓外の景色に見入っていた。北京最後の晩に父は、迎賓館の服務員の方々や中日友好協会メンバー、そして私たち随行員に対して感謝の乾杯をし、朗々とした声で「君が代」を独唱してくれた。

今、父は一人きりでひっそりと窓外の景色に見入っている。その胸に去来するものは何か。田中角榮は悲劇の政治家だと言う人もいる。しかし私は、自らが成し遂げた仕事の成果を二十年後に確認することができた父は政治家として幸運な人であると思う。私は鞄からカメラを取り出して、静かにシャッターを切った。

# 秘書とスタッフ

秘書業も色々である。

大企業や官庁で秘書室あるいは秘書役といえば、一般には縦割り組織の中にあって、幹部のためのスケジュール調整や外部との折衝、接客の準備や外出時の同行などをその主たる業務とする。一定の任期がすめば然るべきポストに就いて、縦割り組織の一部へと再び組み込まれる。言い換えると、秘書業終了後の受け皿が整っている。

しかし政治家、殊に国政レベルの議員秘書はかなり異質である。まず、政治家自体がいわば中小零細企業のあるじ的存在であるため、仕事の中身が多岐にわたり、煩雑になる。

本来は、少数精鋭部隊であることが理想である。しかし実態は、そうもいかないことが多い。地元からの陳情、マスコミや役人との対応など、諸々の仕事をこなさなければならない。かつて父が〝政治家の事務所は総合病院だ〟と評したことは、けだし至言である。

父のケースはもちろんのこと、目白台の家へひっきりなしに訪れていた国会議員たちやその秘書たちの実態をずっと見続けてきた私は、万一将来、自分が議員になることがあったとしても父のようなことは絶対に繰り返したくないと考えていた。

まず、議員秘書やスタッフの採用は、大企業などとは大きく異なる。履歴書の提出や面接はあったとしても、筆記試験はない。主に、地元有力者の子弟や彼らから紹介された人、あるいは自薦組、押しかけ組とさまざまである。したがって、その人の能力や適性は雇ってみないとまったくわからない。雇う側からしてみれば、大いなるリスクを抱えてのスタートとなる。

たいがい、議員や地元有力者から紹介された人は、いずれ秘書経験を踏み台にして本人が将来、国か地方の政治家になりたいという下心を持っている。そのほかは今言う〝転職組〟が圧倒的に多い。このことは男女ともに同様である。能力、資質や人格に多少の問題があったとしても、断り切れなくてとりあえず雇うというケースが多いようだ。

このことは、ウチに来られた懇意にしている議員たちがふともらすグチやボヤキからも容易に想像がつく。また、議員の〝お使い〟と称してやって来る秘書さんたちの態度を見たり、物言いを聞いているだけで、その人が雇用主をどう思っているかがすぐわかる。人は、主人や上司のいないところで、何を言い、どう振る舞うかを見ていればほぼ人間関係がわかるというものである。

政治家は〝選挙〟を常に控えており、このことが最高の〝弱点〟となりやすい。組織の維持と拡大のためには費用もかかり、秘書や事務員に多少の無理を言ってでも資金調達に奔走せざるを得ない人たちがたくさんいることも事実である。そうなると、そのことがウィークポイントとなり、先述のようなかなりアバウトな秘書や事務員集めにつながってしまう。

議員としての父の事務所は、東京・目白と地元、議員会館のほかに全国治水砂防協会の一室に分かれていた。若い時代には議員会館を使っていたが、仕事量が多くなるにつれていかにも手狭になり、電話番を一人残すのみで、実際には議員会館は機能していなかった。また、大臣や党幹事長などの要職に就くと、オフィスのほかに秘書官や運転手、警護官らがつきっきりになるため、個人事務所は色々な人たちの〝溜まり場〟になってしまった。このことが後に父に関するゴシップやスキャンダルの種をつくる一因となったことも否めない。

とにかく父本人は極めて多忙で、次から次へと移動を繰り返し、さらに「ヤレ地方応援だ、ヤレ海外出張だ」と働きづめに働いている間、そうした事務所は若手議員や新聞記者、党の職員、地元からの就職依頼者等々、訳のわからない人たちでごった返していることが常態化していた。私たち家族はこの様子を、当時事務所へ出入りしていた議員たちから度々聞き及んでいた。

色々あるなかで、どこかの会社への就職依頼に来ていた人が、入社試験に落ちて、いつの間にやらウチの事務所に居ついてしまうことなどはザラであったという。

離婚を繰り返し、水商売に就いたり辞めたりして、その都度、違った子供を連れて平然とお金をせびりに来ていた女性もいた。同郷の本間幸一秘書が、父の元へ一度限りという条件で連れてきたにもかかわらず、その後は本間秘書に無断で事務所へ押しかけて、勝手にお茶出しや電話番をするようになった。そのうち事務所に居ついてしまい、若手議員や党の職員らと賭け事をしたり、飲み歩くようになって、紹介者の本間秘書も「困り切っている」と、我々家族は聞かされたことがある。

父がいわゆる出世階段を駆けあがるにしたがって、服装や言動も派手になったという。

父の議員生活スタート直後から、その死に至る日まで、地味だが、本間秘書は地元と個人事務所と目白台の自宅を頻繁に往来していた。

「このままでは、決して先生のためにはならない……」

と我々家族の前でしきりにボヤいていた。世間でも個人事務所の噂が表面化するに至り、我々家族は、こうした問題には将来に禍根を残さないために、なんらかの対策を講じておかなければならないと真剣に考えるようになった。

その後はさらに、彼女が世間から誤解を招くような言動を平気でするようになったと聞き及び、私たちはDNA鑑定をする必要性を感じた。

いざという時のために、長年つき合いのある主治医に事の成り行きを率直に説明して、準備をしておいていただいた。ある日、本間秘書が本人に血液鑑定の件を伝えると、本人は即座に「ダメだ！」と強い口調で断ってきたそうである。その後も真実を知らない提灯持ちたちがおもしろおかしく話題づくりをしたが、我々は無視した。

秘書同士の確執もかなりのものがあった。

父の前ではそんな素ぶりは微塵も見せなかったが、お互いに口を利かなかったり、情報交換をしなかったりで、仕事に支障をきたすこともあったようだ。また、来訪者たちも多忙を極める父に気がねして、秘書たちのことを「○○先生、□□先生！」と呼んで、父自身も、

「お前たち、いつからそんなに偉くなったんだ！」

と臆面もなく言っていたことがある。お土産や金品を受け取る秘書もいた。地元の陳情団を目白へ連れて来たい国会議員たちまでが、秘書や事務員にそれぞれの地元の名産品を手渡したりするようになり、目に余るものがあった。

このような状態になった理由の一つは、父の性格にある。仕事が忙しすぎて身辺の問題には隙があったと言えばわかりやすい。

父は来るものは〝拒まず〟ではなく、〝拒めず〟の性格であった。「断る！　帰れ！」とは決して言い出せない性格であった。そこに相手がつけ込んでくる。

簡単に言えば、父が不在の個人事務所に毎日通いつめて、電話番やお茶出し、客人の相手などをしていれば、いつの間にかいくばくかのお小遣いを貰えるようになってしまう。そして本人は秘書や事務員になったような気になって、世間へ吹聴する。信じられないような事実である。

また、元新聞記者あがりの人などは、父が総理大臣の椅子を目前にした頃に新聞社を辞めて、秘書志願と言って押しかけてきた。当時、父の個人事務所には、大手通信社出身の有能な記者が公設秘書として勤務し始めており、人手不足ということは決してなかった。ところが、前述の押しかけ秘書はその通信社出身の秘書と口喧嘩《げんか》をして、追い出してしまった。この頃から自分が最側近の秘書の如く振る舞い出した。父はもとより、我々家族も追い出された秘書の能力と人柄を信頼していたので、この件ではひどく落胆したが、後の祭りであった。おまけに、自分専用の事務所をほかの場所に構えて、メディアの取材に応じたり、父に関する本を著したりもした。

鳩山威一郎氏が参議院選挙に出馬した時のこと。大蔵大臣として共に役所で仕事をした縁のある父の所へ、選挙のイロハも含めて協力要請があった。父はすかさず前出の元新聞記者の秘書を指南役として鳩山氏に差し向けた。

帰宅早々、茶の間にドカリと座るなり、

「ついにアイツを追っ払った！　良かった！　良かった！」

と言って相好を崩して、子供のような笑顔を見せた。ところが、鳩山威一郎氏の初当選が決まった数日後、同じ茶の間で、

「鳩山君は熨斗《のし》をつけてアイツを返してきた……」と落胆しながらつぶやいた。しかも、

「とても私にはあの人は使いこなせません」

という理由であったとボソリとつけ加えた。母と私は思わず黙って顔を見合わせた。

その秘書については、いくつもの思い出したくもないエピソードがある。

ある夏の終わり。私たち家族がいない軽井沢の別荘へ、父がゴルフで留守の間に、その秘書が一人の無名のカメラマンを連れて現れたそうである。ほかの秘書や警護官は出払っていて、一人きりで留守番をしていたお手伝いさんから、東京にいた母へ電話がかかってきた。

「申し訳ないことをいたしました。怖くてどうにもならなかったのです」

と泣きながら繰り返した。傍若無人に別荘じゅうを撮影した後、父の寝室に布団を敷くよう彼女に命じたという。すごい剣幕に恐れをなして、日頃はやってもいない縁起の悪い〝北枕〟にうっかり布団を敷いてしまったとのこと。しかも、スタンドや屑籠などなんでもいいから枕の辺りに並べるようにと命じられ、写真を撮り終えると挨拶もせずにさっさと帰ってしまったという。

その写真集が出版された後、父のまわりにはお金儲け目的で利用する人がどれほど多いかということを実感した。もはや、父から直接お小遣いを貰うのではなく、父そのものを、将来を見込んでお金儲けの種にする人種が出現したのである。

現在出回っている、いわゆる〝田中角榮本〟もそのたぐいであろう。

日中国交正常化二十周年の年、障がい者となった父は再び訪中することになった。当時、鄧小平氏へのお土産として、昭和五十三（一九七八）年に来日された折、拙宅の庭で父と二人で撮った写真を額装して携えて行くことになった。その時の写真は、総理官邸の写真室長・石井幸之助氏に撮影してもらっていた。石井氏に問い合わせたところ、田中先生に関する重要なネガは例の秘書が総理辞任直後に持ち出してしまった、という重要な情報を得た。中国の元副主席と日本の元総理をモデルとして官邸所属のカメラマンが撮ったネガは、国家の財産であるべき物と考える。訪中の日程も迫っていたので、主人は納得のいかないまま、くだんの秘書の個人事務所へ出向いて、有償、しかも期限つきでネガを借りるはめになった。

この手の話は枚挙に暇《いとま》がない。

我が家のケース以外でも、国会議員と秘書にまつわる妙な話は、今日に至るまで色々な議員から聞いている。しかし、ほとんどは名誉のために口外せず、内々に処理されている模様だ。またこれとは逆に、議員がケチや横暴なために、賃金未払いや過重労働などで転職を余儀なくされている気の毒な秘書や事務員も多いと聞く。政党交付金や文書通信費、パーティー収入などの公費助成や税制面で、地方議員や国会議員はかなり優遇されていると思われるが、どこの事務所も、世間を恐れて沈黙を守っている節《ふし》がある。

父はかつて、大蔵大臣の時に秘書官となった、ある有能なキャリア官僚の名前を具体的にあげてこう言ったことがある。

「Y君のような人物がずっと秘書官でいてくれたら、お父さんは今以上の仕事をこなせる自信がある」

その一方で、

「今ウチにいるのは半人足ばっかりだ！」

というグチを聞いた母が、

「皆ご縁があって来てくれているんだし、悪い人ばかりじゃありませんよ」

とたしなめていた。あのひと言で、私は父の本心を聞いた思いがした。それでも秘書だか、事務員だか訳のわからない取り巻きがあまりに多すぎた。そこで、

「痩せて、病身に見えるHさんはお葬式用。太ってニコニコ顔のMさんは結婚式用っていうのはどう？　せっかくあんなに大勢いるんだから……」

と私がうっかり口を滑らせた時には、流石《さすが》の父もたまげたらしく目をむいた。

後年、衆議院議員となった私は、次のことを固く心に決めていた。

一・父の東京の事務所関係者には、絶対に議員会館での仕事は手伝ってもらわないこと。

二・運転手と経理はできるだけ専門家に依頼し、事務処理は大学時代の友人や先輩に手伝ってもらうこと。そして、できる限り永田町界隈をうろついているプロもどきの連中には手伝ってもらわないこと。

有難いことに、父の地元活動は前出の本間秘書が初当選の時から中心となって担ってくれた。休日や日夜も分かたず、〝趣味は田中角榮〟とも言うべき滅私奉公ぶりで支えてくれた。その本間氏も故人となってしまったが、幸いなことに、大臣や総理大臣の頃に公私ともに父を支えてくださった秘書さんたちは、今も六人以上が健在である。その一人ひとりは、自分がかつて支えた政治家田中角榮に対する思いや出来事を世間に口外するようなことは、いまだかつて一度もない。父が全幅の信頼を寄せていた人々のこうした誠実さこそが、私たち家族にとっての宝物であり、かつまた救いでもある。

第四章

# 先生・大臣——衆議院議員になって

# 女性たちと

## 一

国会議員になって以降、私の地元へのお国入りは頻繁になった。西山町（現柏崎市）の実家泊りの機会には、父の昔の同級生のおばさんたちとも膝を交えて歓談した。

「若い頃の父はどんなでしたか？」

と問うと、

「若い頃のマキコさんのお父さんは、えらく素敵な人だったいや」

という返事が必ず返ってきた。興味津々で膝を乗り出して聞くと、およそ次のようなことであった。

十代の頃の角榮少年は、日に一度は馬の手入れと水を飲ませるために、近くの水源まで裸馬に乗って現れた。パカパカと蹄《ひづめ》の音が村道に響き渡ると、

「あ、角円の角さんが来た！」

と村娘たちは道の端に身をよけたり、木陰に隠れて通りすぎるのを待っていた。すると、彼女らに気がついた角榮少年は、

「ヤァ！」

と言って右手を上げて笑顔で挨拶をしてくれた。ただそれだけのことなのに、その笑顔を一目見ただけで彼女らは一日中幸せだったというのだ。のどかな越後の農村での、たったそれだけの出来事が乙女らに幸せをもたらしたとはまったく信じ難い。まるでおとぎ話のようである。

「へェー！　その乙女たちが今のおばぁちゃんたちなの？」

と私が言うと、

「おらたちにも若い時代があったのさ……」

とちょっとはにかんでから歯抜けの口元を綻ばせてニッコリとした。

当時のことをかつて父がこんなふうに話してくれたことがある。

おやじは田舎者のくせに野良仕事を嫌い、何か大層な経営者的な仕事を手がけたいと思っていたらしい。最初はヨーロッパからホルスタイン牛の輸入を手がけ、それに失敗すると競走馬の輸入に手を染めた。しかし、そのいずれもが遠隔地から生き物を

日本まで運ぶという当時としては大きな賭けであり、結果は借金だけが残った。一方、働き者の母親はそんな夫には見向きもせず、黙々と農作業に精を出していた。庄屋などとは比べようもないが、当時の坂田部落では〝中の上規模の農家〟であったと誰もが言う。

当時の村娘たちが見かけたという角榮少年は、馬たちに水を飲ませるために出掛けたときのことらしい。

馬が水を飲んでいる間、父はいつも近くの草の上に寝転んでずっと行く雲を眺めつつ、自分の将来と世界の果てのことを想像していたと話してくれた。

「ずいぶん牧歌的で、ヒマだったのね」

と私が応じると、

「ヒマなもんか！　家に帰ると借金取りは来る。おやじは留守。おふくろは汗水流して黙々と働いている。あの時、お父さんは空を見上げながら色んなことを考えていたんだ」

と答えた。

私が物心ついた頃には父はすでに国会議員であり、以前の父のことは田舎の知り合いや親戚から聞くしかなかった。言い換えると、当時の様子はそうした村人たちの想い出話と、父の口をついて出る回顧談を重ねることによって一編の物語として瞼《まぶた》に浮かんでくる。

学業は抜きん出て優秀。性格は真っ直ぐ。殊に習字は立派なもので、時として先生の代理として生徒たちの指導をしていたこともあると聞かされてびっくりした。本人に確認すると、

「そう、そうだよ」

といつも当然のような答えが返ってきた。ところが、父は幼い頃から吃音者であったことが相当こたえていたらしい。歌は歌えるが、言葉がすぐには出てこない。そんな自分自身に癇癪《かんしやく》を起こして物を投げつけたり、喧嘩《けんか》っ早いところもあったと苦笑いしていた。

演説は政治家の命。弁舌をもって仕事をする立場の人がかつて吃音者であったとは信じ難い。現役中の父は政界きっての演説の名手、あるいは政策論争がわかりやすいと言われたが、自分自身はそれをどう感じていたのであろうか。

晩年、脳梗塞《こうそく》を発症した後のリハビリ中も、歌を歌ったり書字をしたりはしていたものの、いざ発語となると思うように言葉が出ずに苦しんでいた。人生の晩年になっ

て少年時代の苦しみが再来したという現実は粛然とさせるものがある。

昔の村娘たちの牧歌的な心のときめきをよそに、親孝行をしたくて往きは早足、帰りは並足と一心に馬を駆り、その手入れに精を出していた角榮少年の姿はあまりにも無垢《むく》である。

二

土井たか子先生は私が尊敬する女性政治家である。先生は日本社会党出身の衆議院議員。私は早稲田の大学生の頃から、なぜか土井先生のことを好もしく思っていた。議員になってから、土井先生からお声がかかって二人きりで食事をしたり、お酒を楽しんだりする機会に恵まれるようになった。

衆議院議長として本会議場を取り仕切っておられる時の先生は、物事をハッキリと述べて、毅然とした態度を崩されなかった。ところが本会議もひけて、私が議員会館の自分の部屋へ戻った頃を見計らって、土井先生から直接電話が入った。

「マッコさん？　今日の本会議退屈だったわネ！　ところであなた今夜ヒマ？　時間があれば一緒に食事をしましょうよ。時間と場所は後で秘書から連絡させます」

というようにアッケラカンとしたものであった。初回は赤坂の高層ビルにある中華料理店。なぜか議員たちが私を食事に誘ってくださる時は中華料理が多かった。小泉純一郎氏が首相になる以前もそうであったように。

土井先生とは回を重ねるごとに、〝アソコでね〟と言えば互いにわかるほどの、先生ご贔屓《ひいき》の個室のある郷土料理店で食事をすることが多くなった。

若輩の私は当然のことながら、いつも先に店に着いて畏《かしこ》まって先生の到着をお待ちした。公務多忙な土井先生はちょっとでも定刻に遅れると、

「お待たせしてごめんね！」

と言って席に着くなり、

「何を飲む？　日本酒にしましょうね」

と決めてくださる。お酒は最初の一杯だけはお互いにお酌をし合うが、後は自分のペースで手酌となる。飲みすぎないようにと、最初からお水かお茶の注文も忘れない。これは土井先生から見習ったことの一つである。土井先生は関西で、何不自由ない恵まれた家庭環境のなかで学問を志しておられたが、ある時、成田知巳《ともみ》議員らに誘われて政界入りすることになったと聞いた。その頃は日本社会党がどういう政党なのかあまりよくは知らなかったそうである。道理で、ガリガリの野党女性議員というイメー

ジはなく、正義感は強いがどこか余裕のあるお嬢さん然としたところが私に安心感を与えたのであろうと思う。

そんな土井先生が二人での食事会も回を重ねたある晩に、

「マッコさん、あなたは娘さんだからお父様について女代議士からこんなことを言われると嫌かもしれないけれど、ぜひ言っておきたいことがあるのよ」

と言い出された。私がポーカーフェイスを決め込んで何事かと待っていると、

「あなたのお父様は、とっても素敵な方だったのよ！　一人の男性としてすごく魅力的。政党には関係なく、国会には色々な人がいるけれど、田中先生は特別、魅力的な男性でした」

と断言された後、一呼吸おいてから、

「どう？　あなたこんな話をされると気持ち悪い？」

と心配そうに私の顔を覗き込まれた。

「いいえ、全然大丈夫です。そもそも国会は色んな男性の見本市みたいなところですから、ちょっとやそっとのことでは驚かなくなりました。それより、ウチの父は、いわゆる世間で言うところの女たらしだと先生は思っておられたのですか？」

と問うと、

「全然。ぜーんぜん。その逆！　むしろそんなことはまったく眼中になかったみたいな人でしたよ。ただ人としての魅力に溢《あふ》れていたのよ。あんな人は今まで見たことがない。国会の廊下ですれ違うだけでも〝熱風〟が通るようだった。いつも周囲にはＳＰや役人、議員、マスコミたちが大勢ついていて、とても近づけるような雰囲気ではなかった」

という表現もされた。しかしこの表現は、大蔵大臣在任中に省内で父を見かけたというかつての若手官僚から〝熱風〟とか〝風圧〟を感じたという表現を幾度か聞かされていたので、あまり驚きはしなかった。しかし、同じ表現が土井たか子先生の口をついて出たことにこちらは驚き、あの時の土井先生との会話を今もよく記憶しているのである。

「魅力的？　熱風？　ヘエー！　ウチの父がねぇ……」

と私は半信半疑で聞いていた。すると、

「ある時、私が院内エレベーターの前に立っていたら、田中総理ご一行が近づいて来られた。私は急いで階段で降りようとしたとたん、お父様から『あ、土井さん、下へ行くんでしょ。一緒に乗りなさい！』と声がかかったの」

土井先生がどぎまぎしていたら、

「『さぁ、早く!』と言って周囲のお供を奥へ詰めさせて、エレベーターの開ボタンを自ら押さえてくださった。止むなく同乗したけれどあんな居心地の悪いことはなかった。でも私、内心ドキドキしてすごくうれしかったのよ」

と言ってお酒の力もあってか、心もち乙女のように頬を染められた。〝なーんだ、それだけのことか!〟と私は鼻白《はなじろ》んだが、大先輩の前では余計なことは言わないことにした。あの日の私はちゃんと自己制御が効いていたわけである。

父が亡くなった時、土井たか子衆議院議長はすぐに目白台の家へ弔問に見えた。大学生の頃からなんとなく尊敬していた人物がわざわざ拙宅まで見えて、父の遺体と対面してくださっていることは不思議な感覚であった。

その土井先生も平成二十六(二〇一四)年九月二十日、不帰の人となられた。

東海道新幹線に乗ると、今も土井先生のことをしばしば想い出す。

大阪で講演を引き受けた私は、メモやノート類を鞄に詰め込んで東京駅から早朝の新幹線に乗り込んだ。発車後、なにげなく後部座席を振り返ると土井先生が座っておられ、熱心にノートにメモを取られている最中であった。名古屋で講演があるため勉強しているのだと話された。あれほどのキャリアの方でも講演前には資料のチェックを怠らないのだと再確認した。

先に下車される際に、

「マッコさん、そのうちまた一杯やりましょうね」

とニッコリされた。ホームへ降りたってすぐに窓の外からバイバイと手を振ってから、数人のお出迎えに囲まれてホームを歩いて行かれた。私は車内で立ち上がって会釈をした。あれが先生との最後の別れとなってしまった。今想い出しても寂しい限りである。

先日も東京発の東海道新幹線で大阪まで日帰り出張をした。名古屋駅が近づくとつい後ろの席を振り返り、窓外を見つめてしまった。

時は戻らず、人も帰らず……。

# オランダの堤防

昭和二十八（一九五三）年十月。衆議院建設委員会の理事として父は、欧州の道路整備および都市計画を視察する目的で初外遊をした。この視察が、後の『都市政策大綱』や『日本列島改造論』の下敷きになっていると思われる。訪問先は西ドイツ（主に高速道路網）、ベルギー（鉄道網）、オランダ（干拓工事）、デンマーク（農業）の四カ国。当時のことゆえ、一カ月半もの長期にわたる旅であった。

当時小学校四年生の私は、父の不在がなんとも不安で仕方がなかった。友達に不自由はなかったものの、なにぶん兄が亡き後は一人っ子になった私にとって父親の存在は特別なものであった。悪戯《いたずら》がすぎると厳しく叱られもしたが、何事も〝ツーと言えばカー〟の間柄で、寝る時も起きている時もいつも一緒だったからである。

「お父さん、行っちゃうの？」

「いつ帰ってくるの？」

とまとわりつきつつ、それぱかりをたずねる私に父はかなり困惑顔をしていた。

「マキ子がもう少し大きくなったら、お父さんは必ずお前と一緒に世界中を回ることにする。マキ子に世界中を見せてあげる。それがお父さんの夢だ！」
と言いつつ、私の鼻先に自分の鼻をくっつけてニッコリしながら頭を撫でてくれた。

出発前夜は、新潟県の関係者や親戚約二十名が集まって照明をつけた目白台の庭で歓送会を催した。

いよいよ出発の朝、庭のベランダで一同が勢ぞろいして記念撮影をした。どの顔も緊張しているが、前列中央に立つ父の前でしっかりと両肩に手を掛けられている私と、和服姿でその隣に寄り添う母の二人だけはひと際険しい表情をして写っている。母の顔はこわばり、私はと言えば両足を踏ん張って、仁王立ちとなり、上目遣いでカメラを睨《にら》みつけている。まったくかわいげがない写真である。

長期の不在の後、父たち議員一行は無事帰国した。父は訪欧中に西ドイツで買い求めたというライカでたくさんの写真を撮っていた。その中のモノクロ写真の一枚に、日本にいる時には見たこともないオーバーコートを着て中折れ帽子を被《かぶ》った父が、見るからに寒風吹きすさぶ暗い所に一人で立ち尽くしている写真があった。荒涼たる風景の中、コートの裾を強風になびかせながら昂然として立つ青年政治家。家族、親戚中が額を寄せ合って写真を覗き込みながら、これはどこだろうと父にたずねると、

「オランダの堤防の上だ」

と教えてくれた。あれが若き日の田中角榮という政治家の原点ではなかったか。私はまじまじとその写真を見つめて脳裡に深く刻み込んだ。いつか大人になったら、私も行ってみたいと考えたりもした。

その後、内閣総理大臣となった父が仏・西独・英の三カ国を公式訪問した時には、私も随行した。そもそも私が母に代わって公私にわたる父の仕事のほとんどに随行したのには訳があった。

母は幼い頃に父親と入浴中に耳に水が入り、その後、重い中耳炎を患って補聴器が手放せない状態であった。もともと控えめで華やかな場に出ることを好まなかった母は、四季を通じて和服を着ていたこともあって着替えには時間がかかった。そうした事情から、若い時分にアメリカ留学の経験もあり、結構、人間観察が得意な私が自然の成り行きとして母の代役を務めることが多くなった。以前から、

「マキ子には世界中を見せてあげる。それがお父さんの夢だ」

と言い続けていた父は、総理大臣在職中の海外訪問や要人訪日の公式行事にも当然のこととして私を伴ってくれた。ところがある時、海外訪問の少し前に激しい口喧嘩《げんか》をした私に、

「次の海外訪問からはマキ子は連れていきません」

と断言した。ところが訪問の日程がほぼ固まる頃になって、総理秘書官の一人がスケジュール表と服装上の細かい注意などを記入したメモを母と私に手渡してくれた。そこで、くだんの口喧嘩のことを秘書官に伝えたところ、彼はニヤリとして、

「そんなことを言っても、出発前日にでもなれば総理は必ずお嬢さんに声をかけますよ！」

と言って官邸へ自信満々で帰って行った。

案の定、秘書官の言葉は現実となり、父は当然のこととして私を伴って海外訪問へ出発した。先述の秘書官によれば、早めに秘書官からスケジュールなどを娘へ届けておいてもらわないと間に合わなくなると、ヤキモキしていたそうである。

昭和二十八年当時のヨーロッパのことを父はとてもよく記憶しており、西ドイツではブラント首相やシェール外相と活発な外交を繰り広げた。

ベルギーとデンマークへは、主人が外務政務次官の時に私費でお供をした。残るオランダは、私自身がアメリカ留学中にオランダ人の家庭にお世話になっていたことなど個人的なご縁も深く、是非とも訪れたいと常々願っていた。そのオランダへは友人と二人きりの私的旅行として訪れることができた。当時の池田駐蘭日本大使は、友人の義兄ということもあってディナーに招いて歓迎してくださった。その席上で長年胸に秘めていた思いを打ち明けたところ、

「確かオランダには北と南の二カ所に堤防があります。田中総理が昔行かれたのはどっちかなぁ……？　たぶん、北の方だと思いますよ」

とのことであった。

翌朝、さっそく車を走らせて祈るような気持ちで北堤防へ向かった。アムステルダムから北へ約五十キロメートル、長時間のドライブの後に辿《たど》り着いたのは、地の果てまで延々と真っ直ぐに続く高速道路のようなところであった。日本の感覚で言う堤防とはあまりにも違っていた。

マッカム市に向かって右がアイセル湖、左は北海。アイセル湖は締切堤防を築いて、外海と切り離されてできた湖である。世界に冠たるオランダの干拓事業の一環で生まれた。

堤防のほぼ中央で車を止めてもらい、私は一人堤防の上をあちこち歩き回ってみた。すると夏であるにもかかわらず、北海から吹きつける風はことのほか強く、たちまち、私のスカートは右の方へ強くたなびいた。

「ここだ！　ここに間違いない」

あの写真で見た父の新しいコートの裾も、右の方へ大きくまくれ上がっていたのだ。

「ついに来た！」

私はうれしかった。飛び上がるほどうれしかった。夢と希望に溢《あふ》れた若き日の父にようやくめぐり合えた瞬間であった。

同行してくれた友人のことが急に気になって目で追うと、彼女は車の中から手を振ってくれた。

「私のことは心配しないで。あまり風が強いからずっと車の中でお待ちしていたのよ。夢が叶《かな》って本当に良かったわね」

という優しい言葉が返ってきた。

友のこの言葉に、私は二重の幸福を感じた。

# お隣の国・韓国（四話）

## 一

昭和四十八（一九七三）年、暑い夏の夕方のこと。私たち家族は久しぶりに家族そろって夕餉《ゆうげ》の食卓を囲んでいた。すると廊下の電話のベルが鳴った。せっかくの団欒《だんらん》の時間を妨げられたくない私たちはあえてそれを無視した。一旦切れた電話は再びけたたましく鳴り響いた。

以前に男性の声で「佐藤です。総理に代わってください」という連絡が入り、応対に出た書生がてっきり佐藤栄作元総理からと思い込み、父に取り次いだことがある。ところが父が代わって出たところ、相手は見知らぬ佐藤さんで、こんな簡単に本人が出るものですかと呆《あき》れたように言われて、憤慨した父がガチャンと電話を切ったことがある。書生が大目玉を食らったことは言うまでもない。

したがって今回も誰かの悪戯だろうと無視していたのだが、あまりに鳴りやまない

ので私が重い腰をあげた。すると先方は、

「金《キン》と申します。田中総理にすぐ代わっていただけませんか」

と懇願口調で話し出した。私はいつもの通り、

「不在でございます」

と答えると先方は、

「もうご自宅に戻っておられることは承知しております」

とキッパリと言い切った。

「大切な用件ですから是非代わってください」

と切迫した口調で続けた。相手の名前を再度確認すると「金です」としか言わないので、

「下のお名前と職業は？」

と私がたたみかけると、

「金と言えばおわかりのはずです」

と言って一歩も譲らない。仕方がないので私が、

「お父さん、遠山の金さんからですよ」

と言って食事中の父に声をかけた。母や夫はゲラゲラと笑い出したが、何を感じた

のか父は、

「金？　どこの金だ？」

とたずね返してきた。相手がかたくなにそれ以上名乗らないと告げると、父はしぶしぶ重い腰をあげた。

いつもの浴衣に兵児《へこ》帯姿で、片手を帯の端に突っ込んだ得意のポーズで、

「あー田中です」

と言ってから相手の言うことを黙って聞いていたが、見る見るうちに父の顔色が変わった。異常を感じた私はメモと鉛筆を差し出し、父に椅子を勧めたが父は目もくれず、受話器を握ったまま棒立ちになっていた。かなり長い時間、電話の主は一方的に話していたが、父は押し殺したような声で、

「命、命だけは絶対にダメだぞ！」

と呻《うめ》くように話した。電話が切れた後、父はすぐに茶の間のテレビのスイッチを入れるように私たちに指示した。テレビニュースでは来日中の韓国の要人、金大中《キム・デジュン》氏が滞在中の東京のホテルグランドパレスから突然行方不明になったという報道が繰り返し放送されていた。父は無言でテレビ画面を凝視し、「フーッ」と深い溜息をもらして肩を落とした。そして先ほどの電話の主が遠山の金さんなどではないことを感

づいた私は、

「さっきの電話と金大中の失踪は関係があるの？」

と父の顔を覗き込んだが、

「みんな早く自分の部屋に引き取りなさい」

とボソリとつぶやいたまま、一人でテレビのチャンネルをあちこちと回し、顔はだんだん苦悩の色が濃くなっていった。

日頃は党内や野党との政争については、「馬鹿な奴らだ！」「なんでこうもわかりが悪いのか！」などと家族の前でも口に出してボヤいていたが、こと外交に関しては絶対に他言をしたり、情報をもらすようなことは一切しない人であった。ただ、私たち家族の誰もがあの時の父の驚愕と落胆ぶりに接して、驚天動地の一大事が発生したということは、すぐさま納得できた。


後日の情報によると、金大中氏はホテルグランドパレスの部屋から地下駐車場にとめてあった車のトランクに押し込まれて関西の港まで連れて行かれ、そこから韓国釜山へ向かう工作船に乗せられたらしい。当時の報道では「足に重りをつけて海に投げ出されそうになった」と金大中氏本人が後日談として語ったそうである。しかし事件発生から五日後にソウルの自宅近くで解放され、自力で自宅へ無事戻ったという。外国に滞在していた自国の現職の政治家を強引に拉致して連れ去るなどという暴挙が現実に発生したということは、当時の韓国内の政争に起因した事件とはいえ、平和な日本に暮らす我々には、到底信じることはできなかった。

私はあの時の電話の主が誰であり、何を話したのか後年父に問いただしたことがある。金なる人物の立場については黙して語らなかったが、彼が強引な拉致によって日本政府の主権を侵害してしまったという事実を深く謝罪し、「田中内閣には多大なご迷惑をかけた」という趣旨を繰り返し述べたということは教えてくれた。しかし事後の報告でもあったため、金大中氏の命だけは絶対に奪ってはならないということを、父は主権を侵害された日本の総理大臣としての立場から、断固たる抗議の意を込めて相手の金なる人物に電話で直接伝えたのだと話してくれた。

時は流れて、私は国会議員となり、後年、小泉純一郎内閣の外務大臣を辞したばかりの時期に、外務大臣在職中の韓国側カウンターパート（交渉相手）であった韓《ハン》・昇洙《スンス》氏ご夫妻のお招きで主人と初訪韓した。その折に是非ともお会いしたい人が二人いた。その一人は無事生還した金大中氏、もう一人は後述する東京・新宿区のＪＲ新大久保駅でホームから転落した日本人男性を助けようとして自らも電車にはねられて即死した李秀賢《イ・スヒョン》君のご両親であった。釜山在住の秀賢君のご両親とは電話でお話しすることができたが、帰国後、政治活動を停止されていた金大中氏との面会は、当時の駐韓日本大使の政治的思惑で実現しなかった。その思惑とは、当時の私は小泉内閣から更迭された身であり、日本の官邸を気にする外交官特有の勘が働いたのであったと思う。

外務大臣就任当初の私は、「自民党総裁選挙の公約の一つとして外務省報償費の問題に切り込む」と意気込んでいた小泉総理の意を受けて、外務省の不正経理摘発に手をつけた。当時の外務省の闇はかなりのもので、〝外務省は伏魔殿〟と記者会見で評したことがあり、プライドの高い外務官僚の私に対する反発は半端なものではなかった。しかも、当時の小泉総理、福田康夫官房長官、安倍晋三官房副長官らはいわゆる角福戦争当時の福田派のコア・メンバーにつながる人たちであり、私の外務大臣就任を快く思っていなかった節《ふし》がある。

外務省側からメディアを通じて世間に流布される私に関する情報は信じ難いほど、個人的中傷に満ちたものであった。そうしたなかで私は何度も小泉総理に対してＳＯＳを発したのであるが、「外務省はなんて言っているんですか？　役人の指示通りに行動してください」というのが総理からの回答であり、私はひどく落胆した。

小泉総理は総裁選挙中に改革を叫び、国会答弁においても、「自民党をぶっ壊す」と言われていたが、アレはいったいなんであったのか、という思いが強かった。結局、小泉総理という人はスタートにおいては、自民党の体質と霞が関との癒着《ゆちゃく》関係を改革しようとされていたことは間違いない。しかし、総理大臣職に就いてからは改革よりも保身に走るあまり旧態依然たる自民党の流儀に埋没してしまったのだと感じた。しかし、彼のパフォーマンスはメディアを通じて在職中ずっと国民に支持されていた。このことは現行の安倍内閣の政治手法を冷静に分析すれば納得がいくことである。私のこうした思いを客観的に理解してくださっていた方は、くだんの韓昇洙元外相と米国のコリン・パウエル元国務長官であった。韓氏は長年にわたる日本との外交経験上、日本国内の政治勢力、殊に自民党内の派閥抗争のすさまじさには精通しておられたからだと思う。

金大中拉致事件に話を戻すと、自宅解放後しばらくしてから、氏はノーベル平和賞を授与されている。

しかし困ったことに、我が家の子供たちはあの事件の後遺症なのか、事件後ホテルグランドパレスへ食事へ行くたびに「金大中、金大中」と勝手に節《ふし》をつけて歌いだす癖がついてしまい、主人と私はホトホト困り果てた。

## 二

前述の韓昇洙氏について述べておこう。氏は一九三六年生まれのカトリック教徒。延世大学卒業後、英・米・日本で教鞭をとられ、その後、世界銀行財政諮問官を振り出しに国際舞台で活躍された。私との会話もすべて英語で通され、日本語にはなぜかまったく反応を示されなかった。その後、民主正義党から立候補して政界入りをされた。盧泰愚《ノ・テウ》、金《キム》・泳三《ヨンサム》、金大中、盧《ノ》・武《ム》鉉《ヒヨン》、李《イ》・明博《ミヨンバク》と歴代政権とのかかわりのなかで駐米大使、国際連合総会議長などの要職を経て外相、李明博政権の初代国務総理に就任されている。夫人は朴《パク》・正《チヨン》熙《ヒ》元大統領の親戚であり、私がお目にかかった頃は韓国の赤十字副総裁を務めておられた。夫人は北朝鮮にいる同胞のためにしばしば赤十字の仕事で北側へも行っていると話された。小柄で柔和な笑顔と上品な物腰は印象深い。

韓先生との最初の出会いは、ベトナム・ハノイで開催されたＡＳＥＡＮ（東南アジア諸国連合）フォーラムに向かうシンガポール・チャンギ国際空港からの機中であった。秘書官や外務省の役人たち、警護官らと機の前方に私たちは席を取った。すると後部座席におられた韓先生が「マダム・ミニスター！」「ミニスター・タナカ！」と声をかけてくださったのだ。穏やかなお声とフレンドリーな温かい笑顔に〝あ、いい人そうだな〟と直感した。

「自分は韓国の外務大臣。妻とともにハノイへ向かう。あちらに着いたらゆっくりお会いしましょう」

と流暢《りゅうちょう》な英語で話されて席に着かれた。

ハノイでの会議の様子は日本でも報道され、会議後の恒例の余興で米国のコリン・パウエル国務長官と私が舞台上で歌い、踊ったことが好評で日本国内でも大いに報道された。この時のパフォーマンスについても色々な裏話があるが、それは別の機会に譲ることとする。それ以上に印象深く私の心に残っていることは、会議の席上でのことである。確か私の右側には韓先生、左側には一人置いて北朝鮮代表が座を占めていた。会議が始まると韓先生が私にしきりにメモを差し出し、北側の代表とはあまり接触しないほうがいいというようなサインを送ってこられた。ところが北側の代表はえらくにこやかで、しきりに親しそうに私に声をかけようとした。私はあたかも三十八度線上に座っているかのような居心地の悪さを感じた。かつて別の国際会議の折に、イスラム原理主義を掲げる国の代表も出席しており、事前に外務省から接触を避けるようにとくぎを刺された経験もある。外交の最前線に立つと、言葉の表現はもとより接触の仕方まで互いに作戦があり、私のような性格でしかも当時極めて稀《まれ》であった女性の外務大臣はかなり目立つ存在であったらしく、日本の外務省当局はかなりピリピリしていた。

その後、単身で訪日された韓先生と私たち夫婦は楽しい会食のひと時を東京で過ごした。そして前述の訪韓へと結びつく。韓先生のご子息のソウルでの婚礼にもご招待を受けたが、折悪しく欠席させていただいた。その後もお互いにクリスマスカードの交換をし、数年前に韓先生が出版された立派な英語版の自叙伝も届けていただいた。

三

平成十三（二〇〇一）年一月二十六日。東京・新宿区のJR新大久保駅のプラットホームから泥酔した男性が線路に転落した。それを助け出そうとした韓国人留学生と日本人カメラマンが入ってきた電車にはねられて三人とも即死するという痛ましい事故が起きた。

この列車には偶然にも塾帰りの私たちの子供が乗っており、携帯電話のない時代であったため夕方帰宅の遅い子供を私は訝《いぶか》しく思っていた。かなり遅くなって、新大久保から家まで歩いて帰ってきたという子供の口から何か大きな事故があったらしいと聞き及び、あわててテレビをつけてみるとくだんの人身事故が刻々と報道されていた。政治家のくせにあまりテレビを観る習慣のない私は、この時も後追いで事故を知ることになった。この時に亡くなった韓国人留学生の名は李秀賢君。赤門会という外国人留学生を対象とした日本語学校で学び、下宿へ帰る途中にホームでの転落を目撃し、助け出そうとした秀賢君も命を落としてしまった。年齢は当時の私たちの長男と同じ年。しかもご両親も私たちと同世代であった。

日韓の歴史には悲惨な傷がいくつも残っているが、それらを乗り越えて若い世代が交流したいという強い信念のもと、秀賢君は日本留学を決めたと聞き及んだ。韓国には徴兵制度があり、板門店を境に同胞民族が厳しい対立を続けている。もし日本に徴兵制度があれば我が息子を含む若い世代は自らの国家について今以上に認識を深め、責任感を強くしているに違いないと常々主人と話し合っていた。もし、そのホームに我が子がいたとしたら秀賢君のような勇気ある行動を取ったであろうか？　今も答えが見つけられない。

事件は到底他人事《ひとごと》とは思えず、居ても立ってもいられない気持ちで私は日頃から気心の知れていた政治家仲間（中谷元・栗原博久・渡辺喜美・平沢勝栄氏）らに電話で招集をかけ、赤門会にすぐ行ってくれるよう呼びかけた。私たち夫婦も取るものも取りあえず赤門会へ駆けつけた。暗い玄関はテレビライトに煌々《こうこう》と照らしだされて、関係者とマスコミでごった返していた。にわかづくりの祭壇には聡明で凛々しい立派な青年の顔写真が掲げられていた。寒い夜風の中、髪を振り乱した中年の女性が韓国語で泣き叫び棺に取りすがっていた。そして、傍らの実直そうな中年男性がその婦人を抱きかかえていた。私たち議員団はその場で立ち尽くすのみで声をかけることもできなかった。赤門会の関係者は冷静な気配りを示してくださった。

後年、平成十六（二〇〇四）年にマグニチュード六・八の地震が私の選挙区を襲った。「新潟県中越地震」と命名されたこの地震は世界中に報道された。韓国の秀賢君のご両親から、是非眞紀子先生の地元にお見舞いに行きたいという連絡が入った。地震後少し落ち着いた時期に、ご両親は私たち夫婦の案内で山古志村へ大量の韓国のりを持ってお見舞いに来てくださった。あの時はご両親はすでに冷静さを取り戻しておられ、秀賢君の妹さんが幸せな結婚をしたと笑顔で語ってくださった。毎年、秀賢君の命日である一月二十六日にはご両親そろって訪日され、新大久保駅に設置された犠牲者を悼む追悼碑の前に立ち尽くされてきた。その後、日本全国からも弔慰金が赤門会などへ寄せられ、秀賢君らの行為を称える映画も制作された。この試写会には私も招待されて拝見した。

今も我が息子の顔を見るたびに、あの利発な眼差《まなざ》しをした、遂に一度もお会いしたことのなかった秀賢君の顔写真が目に浮かぶ。

ご両親にとって彼の死は決して納得できるものではなかったに違いない。大切な息子。しかし、時の流れと人々の善意や知恵が深い傷を癒してくれたのだろうと私なりに理解しようと努めている。

四

平成二十八（二〇一六）年秋以降、韓国政界に激震が走っている。朴《パク》・槿恵《クネ》大統領の友人による国政介入疑惑が浮上し、政権支持率は四パーセントにまで急落した。朴大統領は任期満了を待たずして辞意を表明し、弾劾裁判を受ける身となった。槿恵氏のご両親は政治テロによって暗殺されている。ご尊父朴正熙元大統領のご葬儀には私の父は日本の総理大臣として参列している。フランスのポンピドゥー大統領のご葬儀に参列した時に比べてひどく重苦しい思いを抱いて帰国したことを想い出す。父娘二代にわたる最高権力者というとインドのネルーとインディラ・ガンディー父娘、パキスタンのブット一父娘、インドネシアのスカルノとメガワティ父娘等アジア諸国に多く、朴父娘もこれに含まれる。きっかけはさまざまであるが、私からすると父親の苦労と激しい政争を最も身近で見て来たはずの女性が、自らもその地位に就こうとするなど到底理解できることではない。

私が外務大臣在職中のことであるが、来日されたスカルノ元大統領の令嬢のメガワティ女史が是非私に会いたいとおっしゃったそうで、滞在中のホテルへ出向いて親しくお目にかかったことがある。女史は穏やかな方で私のことをまるで旧知のように、

「マダム・マキコタナカ、マダム・マキコタナカ」

と呼びかけてくださり、いずれあなたも総理を目指すことになるのでしょうから、と言った口ぶりで会話をリードされた。私はジャカルタのムルデカ宮殿で当時のスハルト大統領と軍用ヘリに乗った経験談などをさせていただいたが、目の前におられる女性がインドネシアの建国の父と言われるあのスカルノ大統領の令嬢であるということはどうも信じ難い思いであった。

また、ある筋の方を介して韓国大統領に就任される以前の朴槿恵女史が「一度、田中眞紀子に会ってみたい」ともらされたと聞いたことがある。女性特有の勘が働いた

私はあり得る話だなと感じたが、事の真偽は今となっては確認する術《すべ》もない。愛国心と政治への関心度においては私も自負するものがあるが、自らが権力の頂点を極めたいなどとは一度も考えたことはない。世の中には優秀な人材がおられ、同時に自分の能力の限界も弁《わきま》えている。さらに加えるならば、政治の無慈悲とマスコミに煽《あお》られる国民世論の恐ろしさは骨の髄までしみ込んでいる。

今回の韓国の事件を見る限り為政者が犯した罪の重大さはいかばかりかと思う。まったく取り返しがつかない権力の暴走である。それに怒る国民の声は当然といえる。しかしテレビや新聞等で見る限り槿恵氏はいつも地味な服装で深々と頭を垂れて国民に謝罪している。政治の非情とすさまじい世論の攻勢のなかで独身の女性が一人ぼっちで孤独に耐えている様子は見るに堪えず、胸が潰れる思いがして仕方がない。

彼の国は国土面積や人口規模は日本より小さいが、不幸にして三十八度線を挟んで北朝鮮と対峙している。したがって政治面では大統領という大きな権限を国家の代表に与えざるを得ない国状にあると思われる。かつての東西ドイツや朝鮮半島問題を語る時、父は分断国家の悲劇と統一の困難さについて、人と時を得ない限り解決は非常に難しいと述べていた。次いで、第二次世界大戦後、我が領土の北方四島がソ連軍の南下によって占拠された歴史を紐解きつつ、万一、日本が北海道、あるいは青森までソ連に攻め込まれていれば日本人も同胞が引き裂かれて分断国家となってしまっていたかもしれない。戦争は恐ろしく、政治が機能するには優れた人を得なければならないと常に話していた。

昭和四十八（一九七三）年十月、父が総理大臣として初訪ソした折に私も同行した。クレムリン宮殿でのブレジネフ書記長、グロムイコ外相らとの北方四島返還交渉では白熱した議論の末、ソ連側は「日ソ両国間には未解決の領土問題がある」と確認した。この時の父は〝頭から湯気が出るほどの気迫で大声を出して演説を繰り返した〟と、当時同席していた秘書官らから聞いたことがある。これはソ連側が未解決の領土問題が二国間に存在すると認めたことになり、大変大きな意義があった。

しかし、私が小泉内閣の外務大臣に就任した時代にはなぜか〝二プラス二〟なる考えがまかり通っていた。〝二プラス二〟とは小さな島である歯舞《はぼまい》、色丹《しこたん》を先行返還し、面積の広い国後《くなしり》、択捉《えとろふ》はその後の交渉の対象とするというものであった。そもそも、北方四島問題は「四島の帰属の問題を解決した後、平和友好条約を締結する」ということが本旨である。にもかかわらず、いつの間にか〝二プラス二〟を推し進めたいという政と官の力が強く働いていた。その推進役は鈴木宗男氏らであった。

安倍政権は長年にわたってロシアのプーチン大統領の訪日を待望していたが、流動する世界情勢のなかでそれはなかなか実現しなかった。ところが平成二十八（二〇一六）年十二月にようやくプーチン大統領の来日の見通しがついた頃、〝二プラス二〟は〝二プラス・アルファ〟という表現にいつの間にか置き換えられていた。しかも来日直前のモスクワでの記者会見で、プーチン大統領はロシアと日本の間には領土問題は存在しないと断言した。田中・ブレジネフ会談の結果を百パーセント否定するものであった。

冷厳な事実として戦争は他国の領土を侵略することが目的であり、他民族を殺戮するという悲惨な結果をもたらすだけである。先のクリミア半島でのロシアのふるまいを見れば、ひとたび獲得した領土は二度と返さないというプーチン大統領の強い意志は否が応でもわかるはずである。山口と東京での会談終了後、プーチン大統領は帰国し、平成二十八年十二月十七日付けの新聞紙上には〝領土問題は進展なし〟という大見出しが踊っている。その代わり、北方四島での共同経済活動の実現に向けた協議を始めることで合意したと発表された。

それにしても、私が外務大臣在職中に受けた個人的誹謗中傷は、前述の外務省の不正経理摘発や角福戦争の怨念に加えて、この北方四島返還に関する基本的政治姿勢の違いと、そうした主張をさせたくないという政官の流れが個人的な人格攻撃となって顕在化していたものと再認識できる。前述の外務委員会での様子は、連日テレビのニュースやワイドショーで繰り返し放送された。

今回の山口と東京でのプーチン・安倍会談は、日本外交の変節と無力さ、政治家の非力を見せつけるだけの結果に終わってしまった。外交はあくまでも理と熱を持った人物同士が筋の通った白熱の議論を冷静に戦わせない限り進展はあり得ない。曖昧《あいまい》な理想主義や、いい加減な思いつきで道は拓けないということだけが証明された。

# 静と動

国会議員になってしばらく経ったある春の終わりの日のこと。衆議院議員会館の私の部屋に、外線電話が入った。

応対していた秘書が、傍らにいた私に小声ながらもびっくりした様子で、

「高倉健さんからです」

と興奮気味な口調で取り次いできた。

〝タカクラケン？〟――職業柄、議員仲間や地元の人の名前ならすぐに顔が浮かぶ習性がついていたが、この時はピンとこなかった。

「本人からですよ！　映画俳優のあの人！　間違いありません。絶対本人ですから、早く出てあげてくださいよ」

と急かされた。仕方なく半信半疑で受話器を手に取った。すると相手は、

「あ、お忙しいところ恐縮です。初めて電話を差し上げます。私は高倉健と申します」

と誠に礼儀正しい口調で自己紹介した。

用件を問う私に、高倉氏は以前から〝いかに田中角榮先生を尊敬していたか〟について手短に語った。次いで、新潟県のさる団体の依頼で、若者を対象に講演をした際の様子を詳しく話し出された。高倉氏が、会場の若者に対して新潟県人として尊敬する人の名前を問うてみたところ、上杉謙信や山本五十六《いそろく》などの名前は出たが、父の名前がなかなか出てこなかったという。そこで高倉氏が、

「他にもおられるでしょう？……」

と水を向けてみたが、高倉氏が期待していた名前は遂に出てはこなかった。そこで業を煮やして、

「田中角榮さんがいるでしょう！」

と言ったところ、

「ロッキード！」

という声が会場の一部であがった。それを聞いてすっかり落胆した高倉氏は、早々に講演を切り上げて帰って来たと話された。高倉氏の父に対する熱い思いを示す、端的なエピソードであると感心して聞いていた。

電話の趣旨は、是非とも父のお墓参りをさせてほしいということであった。父が元

気な頃は、

「さぞご多忙と思い、遠慮していました」

と真面目な口調でキッパリと話された。この件は、

「いつでもご案内申し上げます」

のひと言で決着した。

次いで高倉氏は、現在北海道から電話をかけており、鉄道員を主役にした映画を撮影中なので、完成の折には私を試写会に招待したい旨を話された。私はこれも快諾した。そしておまけのように、撮影中に宿泊しているホテルが交通アクセスも良く、景色がとても素晴らしいので、いつかいらしてみてはいかがですかと、ご親切な言葉も添えられた。

概ね以上のような趣旨の、かなりの長電話であった。ほとんど高倉氏が話し通しであった。

会話を終えてまわりの秘書や事務員たちを見ると、彼らは佇立し、私の傍らに可能な限りくっついて、耳をそばだてて会話の行方を聴いていたようであった。私が受話器を置いたとたん、

「ね、本人だったでしょう？」

「間違いなくあの声は高倉健本人だと思った！」

「しかし、良く喋《しゃべ》るネェ……。映画とは大違いだ」

と顔を紅潮させて、口々に感想を喋り出した。当時、私は邦画には詳しくなくて、男優やその声はあまり知らなかった。とにかく事務所の人たちの興奮ぶりは尋常ではなく、「ベスト・スマイル賞」を共に受賞した、野球のイチロー選手と電話で連絡を取り合った時や、六代目中村歌右衛門丈とお話をした時の比ではないほど舞いあがっていた。


秋も深まった頃と記憶している。

映画『鉄道員（ぽっぽや）』の試写は、二階最前列の席でゆっくりと拝見した。映画の主人公はニコリともせず寡黙で、議員会館に長電話をくださった時の熱を持った人とはまったく〝別人〟の感があった。〝役づくり〟とはそういうものなのであろう。口調のハッキリとした、かなり弁の立つ人という印象が強かっただけに、〝ぽっぽやさん〟は頼りなく見えた。

結果的には高倉氏の墓参は実現しなかったが、ご本人が亡くなる直前まで、毎年、父の命日にはお線香を送り続けてくださった。時折両親の仏前へお参りに来てくださるお客様方は、お仏壇わきのお供机に山と積まれた「供　高倉健」と熨斗《のし》紙のかかったお線香を見て、

「ずいぶん律儀な方なんですねぇ」

と、どの方も感動される。

一般に、人気稼業と呼ばれる職業の人たちは、仕事上よほどのことがない限り、政治家とのつながりが表面化することに配慮している向きがある。

アメリカは異なるようで、大統領選挙ともなると、

「ヤレ、自分は共和党支持だ」

「○○候補がいい」

などと大衆とともに吶喊《とつかん》することを厭《いと》わない傾向がある。


父の没後、その生涯を映画化したい、または年末の特別テレビ番組に仕立てたいという話が次々と持ち込まれるようになった。

田中角榮役には、私が知っているだけでも、具体的には三人の候補が今までにあがっていた。それぞれが企画段階で知人の女優さんや関係者を介して、主人や私に許

可を求めてこられた。しかし、生前、石碑や銅像の製作すら拒んでいた父が、自らの人生の映画化などを承諾するはずもなく、すべてをお断りした。ある超有名タレント氏には、テレビ番組でお会いした折に直接丁重にお断り申しあげた。

しかし、その後もその手の話は途絶えることはなく、苦しめられた。専門の法律家とも幾度となく相談を重ねた。

ある時、高倉健氏のご意見を聞いておこうと思い立って、お電話をした。彼は、

「さぞ、お困りでしょう」

と同情してくださり、

「どうするかなあ……。どうするかなあ……」

とかなり呻吟《しんぎん》された。そして、

「いつかまたきっと誰かが同じようなことを言い出すと思います。そこで、お嫌でしょうが、眞紀子さんが脚本を読んで、納得のいくキャストを選定して進められることが、今考えられる最上の方法ではないでしょうか……」

とのアドバイスをいただいた。そして、

「今後も、世間は田中角榮先生ほどの人物を決して放ってはおかないと思います」

とつけ加えられたことが印象的であった。

その言葉の通り、平成二十八（二〇一六）年もそうした企画が無断で具体化しそうになり、急ブレーキをかけた。事実とはまったく平仄《ひょうそく》の合わない事柄を、あたかも真実であったかのようにおもしろおかしく仕立て上げた〝フィクション小説〟を基にしようとしていた。これは重大な人権侵害の可能性がある。

「そっと、静かにしておいてもらいたい」

というのが、私たち遺された身内のささやかな願いなのである。

# 神　饌

「神饌《しんせん》」とは、広くは宮中祭祀や諸神社において神々に供物をお供えする時に使われる言葉である。神饌は和食の起源であるとも考えられている。

和食の歴史を紐解くと、神饌に続いて室町時代に始まり、江戸時代に発達した「本膳料理」がある。これは武家の主従関係を様式化したもので、今日では婚礼をはじめ晴れの席などのお料理として名残をとどめている。また、安土・桃山時代に千利休が禅の心を取り入れて、一汁三菜を基本とする「懐石料理」の原形を考案したといわれている。現代の和食は過去のこうした流れが渾然一体となって発展し、今日に至っている。

私が直接経験したなかで誠に稀有な体験は、毎年十一月二十三日に行われる新嘗祭《にいなめ》という宮中祭祀である。新嘗祭は神道に則った儀式で、天皇陛下の神饌行為を基本的には男子のみで執り行う儀式である。私が村山富市内閣の科学技術庁長官として初入閣した平成六（一九九四）年頃には女性閣僚は極めて珍しく、新嘗祭に参列した衆参両院議長や最高裁長官から「ホウ、今年は女性大臣もおいでですか……」と珍しがられたものである。

皇居の漆黒の闇夜の中で、衣冠束帯の正装をされた天皇陛下が神殿に進み出て、御《み》簾《す》の中にこもられて何やら長い時間をかけて神道儀式が行われる。列席している私どもは神殿前に準備された椅子に座って、ひたすら儀式の終了までお待ちする。皇居の森の闇夜の中に焚かれた数本のかがり火がパチパチとはじける音を聞きながら、かなりの冷え込みのなかで身じろぎもせず、じっと無言で待ち続ける。アニミズムという言葉が頭をよぎる。やがて約二時間を経過した頃、陛下が静々と御簾の中から姿を現して退出され、すべては無言のうちに終了する。

その後、私たちだけがかなり年代物の木造の別棟へ移動して、天皇陛下が神前にお供えされたとおぼしき濁酒を頂戴する。土器《かわらけ》は土を焼いてつくられた素焼きの陶器であり、白木の割り箸は言うまでもなく自然木でつくられている。いずれも自然界のものを材料としており、使用後は使い捨てにして再び自然へ戻すことを尊ぶという思想に立脚している。目上の人や客人を尊重し、清らかさを大切にしてすべてを自然へ戻すという我が国古来の思想が受け継がれている。

言い換えると、漆器や陶磁器の食器や箸を幾度も洗って目上の人に再使用させるということは失礼の極みであるという考え方である。しかし、最近の日本では割り箸の使い捨ては自然破壊につながるという考えもあって〝マイ箸〟なるものが一部で流《は》行《や》っている。

新嘗祭では、自分が使用した土器類は拝領して持ち帰ることになる。すべては自然と一体となった静寂のうちに、簡素でしかも厳かに滞りなく進行し、終了する。忙しい日常生活のなかで思いがけず非日常的空間を体験し、神道と我が国皇室の存在を再認識する貴重な一夜でもあった。

## 宮中での食事

最近は人数の関係からか、国会議員でも天皇誕生日午餐《ごさん》会は申し込み制によって限られた人数が招待されるようになっている。しかし、お元日の祝宴には希望すれば、ほぼ全員が配偶者同伴で出席することができる。午前中に正殿《せいでん》松の間で天皇皇后両陛下と皇族方に拝謁し、その後、豊明殿へ移って着席なしで卓上に並べられたお料理を頂戴して帰る習わしとなっている。

閣僚になると、国・公賓招待の晩餐《ばんさん》会や皇后陛下のお誕生日の午餐会にお招きにあずかる。このほか、閣僚は所管する省庁に関係する海外からの賓客のおもてなし午餐会やお茶会に招待されることもある。私の場合、文部科学大臣として文化勲章親授式後の午餐会や、主人が永年勤続二十五年表彰の栄に浴した際も陪食させていただいた。このほかに年末になると男子皇族が総理と閣僚の労をねぎらう食事会を催してくださる。

お元日や天皇誕生日など、我が国固有のお祝い事の折は和食が中心であり、外交上のおもてなしは洋食に限られていると承知している。

かつて父の時代の宮中晩餐会では長時間かけた食事の後、お部屋を移して皇族や賓客外交団らと食後酒を楽しみながら歓談することが習わしであった。しかし当節は時代も変わり、海外からの国・公賓来日のスケジュールが超過密であることや皇族方の高齢化にも配慮して、豊明殿での食後は全員がその場に起立して皇族や賓客のお見送りをしてお開きとなる。食事中は雅楽の演奏や相手国の民族音楽などが間断なく奏《そう》される。

数十人から百人近いお客様に同時に配膳するには周到な段取りと手際の良さが求められ、宮中の会食のお料理をつかさどる大膳職はさぞ大忙しであろうと想像し、感嘆しつつもいつも恐縮してひと口ひと口大切に頂戴している。デザートは、私の知る限りでは必ず富士山をかたどった大きなアイスクリームが銀のお盆に載って恭《うやうや》しく運び出されてくる。あらかじめいくつかの富士山の〝型〟にアイスクリームを大量に詰めて固めておいたものであろうが、これがとても美しい出来栄えである。

菊の御紋章入り食器と銀製カトラリー類。グラス類は推察するにフランスのサン・ルイ社かバカラ社のアンティークであると思われる。近頃世間では大振りなグラス類が流行《はや》っているが、宮中でのメインダイニングで使用されるものは思いがけないほど小振りである。ガラス器好きな私は幾度かパリでバカラ社の工場やミュージアムを訪れているが、我が皇室御用達のクリスタル類はたぶん、明治の初め頃の特注品であろうと思われる。それにしても、あれだけの数のクリスタル類を損傷することもなく大切に管理し、現在も使用しているということは並大抵の努力ではない。宮内庁大膳で働く人々の努力と労働に思いをはせて感謝することしきりである。

赤坂の迎賓館《げいひん》での答礼晩餐会や総理官邸での食事の際は、都内の主だった二、三のホテルが交代で厨房を任されていると聞いた。そしてウェイターも当番のホテルから派遣される。

父が内閣総理大臣の時に随行した折や、私自身が外務大臣として訪れた欧州やアジア諸国での公式晩餐会の食事のメニューは、どういうわけかほとんど記憶に残っていない。その時々の会話や雰囲気は今も鮮明に覚えているのだが、どんなお料理が出されたかはいっこうに想い出すことができない。たぶん相当緊張していて会話にばかり神経を使い果たしていたせいであろう。

一番の楽しみは、なんといっても天皇陛下のお誕生日の祝宴であった。豊明殿での長いメインテーブルには、天皇皇后両陛下を中心としてほぼ全皇族方が着席される。総理大臣の祝辞に続いて天皇陛下が短く答礼のお言葉を述べられ、食事となる。まず、銀器に入った日本酒が一人ひとりの盃に注がれる。銘柄は三種類を毎年交代で使っていると聞いている。お献立は例年まったく同じものが供される。まず、鯛とヒラメのお造りにイカを小振りに切って軽く炙った一皿が出される。千切り大根や浜ぼうふうなどの飾りも美しく、いかにも清潔に盛り合わせてある。日頃はあまりお刺身には手が出ない私も、宮中のお造りは誠に美味で大好物である。

磁器の蓋物には鯉こく。ほんのり甘い白味噌仕立てになっている。鯉こくは父の大好物で、新潟の実家では田舎味噌仕立てにして臭み消しに長ネギを加えていた。宮中の鯉こくはなぜか、薄ぬるくて、甘みも強く独特な一品である。もう一つの蓋物にはかやくご飯。シイタケに白身魚のそぼろ、錦糸卵といったごくありふれた食材ながらこれも甘味があって、得も言われぬ旨味がある。主人が一膳食べ終わると、いつも給仕の方が心得ていて、すかさず温かい二膳目をニコニコ顔で差し出してくださる。「私たち常連さんね……」と顔を見合わせて小声で話し合う。妙に緊張してお酒ばかりをチビチビ飲んでいると、お代わりのかやくご飯をいただけることも知らずに終わってしまうようだ。

邦楽も次第に小さくなり、約一時間の祝宴も終わりに近づいて、天皇陛下が退席される時は阿吽《あうん》の呼吸で私どもも静かに起立して感謝と祝意の拍手でお見送りすることが決まりとなっている。すべては静かになごやかな雰囲気のなかで進行する。ところがある時、自民党女性議員が、陛下がお席を立たれそうになったとたん、間髪を容れずに「天皇陛下、万歳！」と突然大声を発した。皇族方は一様に驚いて振り向かれ、会場にはどよめきが起こった。

帰りの車寄せへ向かう長い廊下を歩きつつ、人々は「あれには驚いた！」「不謹慎だ！」「儀礼違反だ！」と口々にひそひそ話をした。ところが彼女の政界引退後は、ある防衛大臣経験者の男性議員が二年続けて万歳を叫んで、これまた顰蹙《ひんしゆく》を買った。その後、参議院の別の自民党所属女性議員が当然のことのようにして万歳を叫んだ。近頃では、陛下も足を止めて軽く会釈をしてから退出されることが多くなった。慣例とはこういったハプニングによっていとも簡単に壊され、また新しくつくり出されていくものだということを身をもって知った出来事である。

さて、祝宴に話を戻すと、皇族方の退出後はすでに卓上に載せてある紙箱入りの鯛一匹、紅白日の出蒲鉾《かまぼこ》、亀甲型羊羹《ようかん》、数の子、炒りどり等のお料理と、別の白い紙箱入りの菊の御紋章の焼き判が押してあるこしあんたっぷりの九重饅を頂戴して帰ることができる。

帰宅後は、拝領した品々はかつて両親がしたように、まずお仏壇のご先祖様にお供えすることにしている。その後、頂戴したお土産品や盃は、地元の長老の方々へ届けて喜びを分かち合ってきた。選挙区の皆様のおかげで私たち夫婦そろって宮中参内できる有難さを一人でも多くの方々に報告したいと思っていたからである。

地元へ持ち帰る便のない年は、鯛は潮汁仕立てにしたり、小骨を抜いて細かくほぐした身を空炒りして、みりんなどで味をつけてから鯛そぼろ飯にしている。これは孫息子の大好物で、笑顔を見るためには手間暇を惜しまないことにしている。

# 父の気配、今も

平成五（一九九三）年十二月十六日、私はTBSテレビの番組、NEWS23の録画取材で朝から国会議事堂正面、本会議場での収録に次いで、国会近くのホテルの一室でインタビューに応じていた。

その時、父の急変を知らせる一枚のメモが手もとに届いた。昨日まで元気で、クリスマス前には自宅に戻りましょうと話し合っていたことを思い、とっさに「ウソだ」という思いが胸をよぎった。次いで「大袈裟」「なんで今なんだろう」という思いが交錯したが、メモをバリバリと握り潰して、そのまま取材に応じていた。すると五分もしないうちに「大至急！　大至急病院へ！」という二枚目のメモが手渡された。心ではウソだと思いつつも、頭のなかは〝どうやって一刻も早くこの取材を打ち切ろうか〟と考えていた。そして妙なことに、心か頭かいずれかの部分では〝今の動揺している自分が、どのようにテレビカメラに写されているのだろうか〟ということが気になって仕方がなかった。

「緊急事態が発生したので、勝手ですが打ち切らせてください！　後は絶対に追わないでください！」

と言うなり私は席を立ち、廊下へ駆け出した。

父の人生の後半生は、メディアとの確執抜きにして語ることはできない。私たち家族もその余波を烈《はげ》しく受け続けてきている。マスコミの問答無用な追及と執拗《しつよう》な追跡から両親や家族を守ることが自分に課せられた至上命題であると勝手に思い込んできている私にとって、父の臨終《いまわ》の時にまで、偶然とはいえマスコミの相手をしている自分に苛立《いらだ》ちを覚えた。しかし、どうしたことかTBSのスタッフは「わかりました」のひと言で、一切その理由を問うこともせずに送り出してくれた。

一台の覆面自動車もオートバイもヘリコプターの追跡もなく無事、慶應義塾大学病院から父の遺体をのせた車が自宅に滑り込んだ瞬間、私は肩の力が抜けると同時に、生まれて初めてマスコミのなかにも信義を守ってくれる人がいることに感謝した。

幼い頃から私は父と一緒にいることは苦手であった。それは、父といると言い様のない息苦しさに襲われて、こちらが疲労困憊《こんぱい》してしまうからである。田中角榮という人は神経を弛緩させる術《すべ》を知らずに育ったらしく、何事にも全身全霊で取り組んでくる。常に真正面から息継ぐ間もなく矢継ぎ早に剛速球を投げてくるので、相手をする方はたまったものではない。話す時も、怒る時も、笑う時も全精力を傾注している。怒れば怒髪天を衝き、笑えば赤子のように屈託がない。眠っている時でさえ、この男は死んでいるのかと思うほど熟睡していたかと思うと、突然、目を覚まして、床の中で役所から届いた膨大な資料に目を通したり、読書を始めていた。したがって私としてはできる限り父を避けて、そのそばを通る時には抜き足、差し足で、なるべく接触の機会を最小限にしようと腐心《ふしん》していた。ところが父ときたら、朝の目覚めと夕方の帰宅時には、

「オーイ、マキ子起きているか？」

「オーイ、マコスケいるか？」

「オーイ、ウチのじゃじゃ馬ただいま！」

「オーイ、シャモスケどこにいった？」

と大声を家中に轟《とどろ》かす。私は負けを承知で渋々と土俵に上がる力士のように、少々ふてくされて「ここ」と答えるのが常であった。

天衣無縫《てんいむほう》な人生を送った父の性格は、極めて潔癖にして几帳面。緻密な完璧主義者であり、ロマンチストで寂しがり屋でもあった。他方、古典的な良妻賢母としてしっ

かりと家を守り抜いた母は、二年後に父の後を追うように家族の者に見守られて自室で安らかな死を迎えた。

父から生前耳にタコができるほど言い聞かされてきた言葉がある。

「感謝の心を忘れるな」

「時を大切にせよ」

「明朗闊達《かったつ》であれ」

そして母の口からは、

「マコちゃんが男であったら……」

という訳のわからぬ言葉を幾度聞かされたことか。


平成九（一九九七）年当時、地元新潟県の皆様の力強い御支援のおかげで衆議院議員を務めさせていただいてから、四年半の歳月が経過していた。地元の方々と父が四十年もかけて、額に汗し、歯をくいしばって艱難《かんなん》辛苦を乗り越えて紡《つむ》ぎ出した暖かい布に包まれて、自分は仕事をさせていただいていることを実感する毎日であった。この人々のために喜んで命を投げ出そう。日々最善の努力を積んでいこうと心に誓った。ふるさとに吹く風の音や川のせせらぎ、木々の揺らめき、青白い雪明かりと大地のにおい。

人々の言の葉の一つひとつに父の想い出が宿っている。

時折、私は背後に父の気配を感じることがある。夕陽の向こうで〝オーイ眞紀子！〟〝マコスケ！〟と呼ぶ声が聞こえるような気がすることもある。

# 第五章　眞紀子さん——議員バッジを外して以降

# 朝の風景

ウィークデイの朝八時前後に家の前の目白通りへ出てみると、社会の様相が手に取るようにわかる。抱っこ紐で幼児を抱えて、着替えやミルクやオムツなどを入れた袋を肩に掛けたお母さんたちが横町から小走りに出てくる。年長の子をベビーカーに乗せているケースもある。次は、出勤途上のお父さんが園児らしき三歳前後の子供の手を引いて出てくる。保育園へ送り届けるのであろうかと思って見ていると、やがて送迎バスがやって来る。なんとも嫌そうな顔つきをした子供をバスの中へ押し込んで、自分は外でバイバイと手を振ってからヤレヤレといった表情で歩き出す。目を転じると、老老介護で朝からげんなりと疲れ切った顔つきの老夫婦がバス停に立ち尽くしている。やがて、介護老人福祉施設のバスが停車して、片方の高齢者がのっそりとバスに乗り込む。中から手を引っ張り上げられ、後ろから押し上げられてようやく着席するとバスは緩やかに発車する。見送ったほうは、ほっと肩で大きく息を吐いてからトボトボと路地へ入っていく。

次は、我が家の正面に仮設された身体障がい者用停留所に送迎バスがやって来る。その停留所前は、大人用車椅子やそのお世話をする介助者でいっとき賑わう。数年前に、ある社会福祉法人から既存の都営バスの停留所との兼ね合いで、少々スペースがある我が家の正面近くを身体障がい者用として利用させてほしいという旨の申し入れがあり、快諾した経緯がある。

やがて朝八時半すぎになると、前と後ろに幼児を乗せた自転車、チャイルドシート付きのいわゆる〝ママチャリ〟が縦横無尽に疾走し始める。この人たちは、世の中に交通ルールというものがあることをまったく知らないらしい。大事な大事な幼い命が委ねられていることを忘れてしまっているように見受けられることもある。その暴走ぶりは目に余る。凄《すご》いケースになると、前後席に二人の幼子を乗せたうえに三人目を抱っこ紐でお腹に括りつけて走っているお母さんで、その様子を見た時にはギョッとした。この人の夫はいったい何を考えてこんなことを許しているのだろうか……。

私が文部科学委員長であった時のこと。公用車が目白通りを疾走するママチャリと衝突した。こちらの車はゆっくりと動き始めたところだったので大事には至らずにすんだのだが、自転車とお母さんが私の目の前で転倒した。男の子は道路に放り出され、被《かぶ》っていた小児用のヘルメットはカランカランと乾いた音を立てて転がった。自転車ごと転倒したお母さんはこともあろうにハイヒールを履いていて、子供のことよりも見失った自分の片方の靴を真っ先に探し始めた。私は道路上で泣き叫ぶ男の子に駆け寄って、後続車に轢《ひ》かれないように抱きあげて怪我の有無をたずねた。そして擦りむいた膝をさすってあげた。

公用車はちょっとへこんだだけだったが、運転手さんが何よりも驚いたのは、黒塗りの車を突然飛び出してきたそのお母さんが走行しながら片足で思い切り蹴《け》とばした行為だという。その証拠に靴型の泥がしっかりと車についていた。自転車が車を蹴とばしながら走るなんて聞いたこともない。しかもハイヒールで。無神経にして無謀。幼い子供の命をなんと心得ているのか……。どうしてそれほど急ぐのか……。警察はもちろんのこと、ご主人や幼児をあずかる施設関係者の声を是非聞いてみたいものである。

朝のほんの三十分間で目にする目白通りの様相は、今日の日本が抱える高齢化や子育て、社会とのつながりなど、諸々の問題の実態を見せてくれる。やがてゴミ収集車や通常の路線バス、通勤・通学する人々が行き交って、街は以前からの見慣れた状態に戻ってゆく。

# アノニマスであること

夏のTシャツとジーンズや冬のダウンジャケットの普及は目を見張るものがある。私も普段着として大いに愛用している。比較的安価で色、柄、サイズが多種多様、気軽に着られるところがいい。目覚ましい交通手段の発達によって世界中でヒト、モノ、カネ、情報が飛び交い、世界のほとんどの国の人々の生活は、表面上は均質化されているかのように見受けられる。ニューヨークやパリ、北京の空港や街角でも人々の服装は似通っている。一見しただけでは人間の違いや差は見えにくくなっている。

暮れの東京で、運転中に信号待ちをしている時に、ハンドルを握ったままで目の前の交差点を行き交う人々を漫然と眺めていて気づいたことがある。それは横断歩道を渡っていく人々の十人中七人位はダウンジャケットを着ていたことである。そこで次の赤信号でも、その次でも意識してダウンジャケット姿の人々を数えてみた。すると六割近くの人々がおじいさんから若い女性、子供たちまでダウンを着ていた。

「ユニクロはさぞ儲かっているに違いない」とか「世界中で羽根毛をむしり取られて

いる鳥たちは可哀想に」といった思いとは別に「あ、これは現代社会のユニフォーム化だ」という思いが頭をよぎった。

学生や消防士、警察官、自衛官など制服を着た人々は個人よりも団体組織の一員としての規律と行動を期待されており、私たちもそうした意識を持ってユニフォーム姿に接している。アノニマス（匿名）であることが許容されているのである。

ところが日頃はそうした組織とは無縁で、個性の尊重を声高に口にしている人々も、特別な〝場〟に臨む時にはなぜか周囲とほぼ同様の服装をしていることには誠に奇異な感を否めない。たとえば、幼稚園や小学校の面接試験では、子供も親も申し合わせたように紺系ずくめの服装をしている。就職試験の時も、昨日までは茶髪のオバケヘアーにわざわざ破れているジーンズ姿だった男女が、紺系スーツにビシリと身を包んでやって来る。長じて、結婚式ともなると、新郎新婦ともにどちらの国のプリンス、プリンセスかと思わせるような立派な貸衣装に身を包んで登場する。結果として、どのカップルも似通った服装に仕上がっているので、よくもまあ相手を取り違えないものだと感心する。しかも二人だけの記念のためなのか、和洋取り混ぜて次々とお色直し姿を披露する。招待客は拍手を送りつつも、内心鼻白《はなじろ》んでいたりするのもまったくお構いなしである。

本来、入学や入社試験は厳しい〝選抜の場〟である。そんな時に誰もが似通った服装で集まるということは、相手に対する礼節というよりも、無難にその場を切り抜けるための知恵ではないかと思いたくなる。ユニフォーム化した服装をすることによって正体不明なアノニマス集団となり、選別されにくくしたいという心理が働いているように見受けられる。こうした人々の群れを見かけるたびに私は首を傾げてしまう。結局はペーパーテストや健康状態、面接での態度や受け答え、言葉遣いなどによって総合的に判定が下されるとはわかっていても、外観から特定されることだけは極力避けたいということであろうが、むしろ服装でも堂々と勝負をしたほうが良いと私は考える。

総じて、日本人はお祭り好きであるといわれる。よさこいソーラン祭りは土佐の高知や北海道以外でも全国で大勢の人々が参加して楽しんでいる。クリスマスやバレンタインデーの贈り物、浅草のサンバカーニバル、ハロウィーンの仮装行列など、本来の意味とはかなりかけ離れたところでお祭り騒ぎをして、悦に入っている。

日本にも古くから、その土地、土地の気候風土に根差した奥ゆかしいお祭りや行事がある。十七世紀後半から十九世紀前半にかけては、町人を中心とした元禄文化や化政文化が花開いた。歌川広重、喜多川歌麿、葛飾北斎などの浮世絵や、尾形光琳の装飾画。近松門左衛門の浄瑠璃、杉田玄白の『解体新書』など芸術、学問、教育の分野で我が国の庶民文化が開花したあの時期のことである。

畢竟《ひっきょう》するに、どうも私たち日本人というのはグローバリゼーションにも上手に乗るが、根本的には内向き志向がかなり強く、他人《ひと》と違うことを極端に嫌う〝無難志向民族〟であるといえよう。変身願望はあるのだが日常は匿名性に安住して身を守り、心のバランスを保つことに長けている。祭りなどで自己解放する時も身内ではドンチャン騒ぎをするが、それはあくまでも限られた特定集団の範囲内に限られていることが多い。

日本の社会が抱える矛盾や困難は数多く存在するが、とりあえずは戦争をしない平和国家であり続けるという大前提に立てば、今は第二の元禄文化を生む揺籃期であると期待して、なんとか納得することにしよう。

# 人間観察

神様は人間に〝言葉〟を与えてくださった。言葉とは心を話すこと。その心に他者への愛や理解があれば、コミュニケーションはある程度スムーズに運ぶ。

人と話をする時の表情や姿勢も大切である。殊に表情をじっと見ていると、相手の心の中がかなりわかることがある。表情のなかで最も重要なものは目そのものである。何かを訴えかけている目、困惑している目、蔑《さげす》んでいる目、自慢している目、悲しんでいる目等々、さまざまな心が映し出される。〝人と話をする時には、相手の目を見なさい〟とはよく言ったものである。話をする時にロクに相手の目も見ないで、ボソボソと話す人はあまり信用しないことにしている。

ひるがえって自分も人と話をする時には、どんな表情、殊に自分の視線はどうであるかを相手の立場に立って気を配るように心がけている。若い頃はそんな余裕はまったくなかったのだが、社会経験を積み、自分なりに苦労を重ねているうちにそうした心配りの重要性を学んだ。

自分が説得される立場にある時には、できるだけ先入観を捨ててわだかまりのないリラックスした状態で臨むように心がけている。逆の立場の時はもっと難しい。相手に対して威圧的にならないように、発言する際の言葉遣いはもちろんのこと、話す順番を周到に組み立てておくほうがいい。複数人での会議等では独演会にならないように、しかも理解しやすいように平易な言葉遣いを心がける。重要なキーワードは耳障りにならない程度に繰り返すことも大切である。さらに黒板やプロジェクターを使って図解したり、事前に資料を配布して相手の理解の迅速化をはかる。そして最後に質問を受けつけることによってあらぬ誤解を防ぐこともできる。

時として人の心は言葉以上に目に表れる。人と話をしていて私はどうしても得心がいかず、結果として不愉快になることがままある。それは〝笑い〟である。日本人は特有の〝含み笑い〟をする民族なのであろうか。私たち日本人は気づかずに思わずニヤリとしたり、「ウフフフフ……」と乾いた小声を出して笑うことがある。たとえば、こちらが困っている時や、家族のことなどでつらい思いをしたと打ち明けたとたんに出る〝アレ〟である。こちらが「困った」「つらかった」「悲しかった」と言っているのに、相手は思わず「ウフフ」と声を出すことがある。これは結構女性に多い。身を乗り出して話の続きを聞き出そうとしながらも、無意識なのだろうが顔はどう見ても笑っている。そんな状況になると、私は即座に話を打ち切ることにしている。あまりにひどい時はどうして笑っているのかと反論することもある。するとたいがいの場合、相手は急に表情を引き締めて「笑ってなんかいない」と答えることが多い。

落語やコメディー、ジョークで笑うのは健全だが、個人的な不幸話の最中にニヤつかれるとギョっとする。そしてこちらの心はいたく傷つく。自分の表情や反応にまったく気づかずに野次馬根性だけが前面に出ると、こういう結果になるのであろうかと寂しくもなる。〝他人《ひと》の不幸は自分にとっておいしいご馳走〟ということなのか。

私の偏見かもしれないが、外国人、殊に欧米人と話をしていてこういう不愉快な思いをしたことは唯の一度もない。むしろつらい思いを共有する表情や姿勢を示してくれることがほとんどである。

古今東西、歌舞伎やオペラ、文学等、人間の感情の機微《きび》を扱った芸術が連綿と伝承されている所以《ゆえん》もこんなところにあるのであろう。人の心は注意深い観察と直感によって、かなりの程度読み解くことができる。

目は口ほどにものを言う。

## ソーシャル・メディア

ＩｏＴ（Internet of Things）――あらゆるモノがインターネットにつながるという意味である。

眼鏡や腕時計、絆創膏型などウェアラブル（wearable）、すなわち身に着けることが可能な端末の開発や、「ビットコイン」と呼ばれる仮想通貨の流通、ロボット開発など我々の生活は身近なところでも大きく変化を遂げている。

各業界はＩＴ（Information Technology）を駆使して日夜激しい競争にしのぎを削っている。最近はアメリカを中心として、主戦場は持ち運びのできる小型情報通信機器であるモバイル（mobile）端末などからＡＩ（Artificial Intelligence：人工知能）に大きくシフトしつつあると聞く。

コンピューターの音声や画像による認識能力が飛躍的に向上した結果、自動運転車開発などにおけるＡＩの用途が急速に広がっているという報道もある。ほんの十年前に米アップル社がスマートフォンのアイフォーン（iPhone）を発売して以来、ＩＴ業界は日進月歩という表現が古めかしく聞こえるほどの超スピードで変化を遂げている。このままＩＴへの置き換えがドンドン進むと、今後、人間社会はどうなってしまうのか？　まず考えられることは、〝人間の雇用不安〟が増大する。そうなると、今まで人々が働いていた既存企業そのものの存立が危うくなる。現にそうした兆しの見られる業界も出てきていると聞く。いつぞや日本のＡＩと将棋や囲碁のプロ棋士との対局が世間の耳目を集めた。

そこで考えてみる。

我々人間は、自分たちが開発したり発明したものによって排除されたり、やがては駆逐されてしまうかもしれないということを、今から想像しておかなければならないのではないか。人間はあまり急いで利口になったり、これ以上便利な生活を求めなくてもいいのではないかと思えて仕方がない。

殊にステルスミサイルや攻撃用無人ロボット、軍事用ドローンなど、技術の軍事への転用を考える時、将来のソーシャル・メディアの在りようについて不安や恐ろしさを覚えざるを得ない。

私が村山富市内閣の科学技術庁長官であった時、ロボットオリンピック（通称、ロボリンピック）を開催した。あの頃すでに懸念されていた少子高齢化社会の到来に備えた介助用ロボットや、当時は幸いにも現実には起こっていなかったが原子力発電所事故に際して探査をするロボット、さらに地雷の撤去用ロボットなど、官民あげてそうしたロボット開発に着手するきっかけとなったのがロボリンピックであった。当時、『今そこにある危機』というアメリカ映画で、ドローン風の遠隔操作機器やステルスミサイルによる敵地爆撃などが、仮想戦争として画面上にすでに映し出されていた。それらが今やすべて現実となっているではないか……。常に発せられる問いかけながら、科学の進歩と人間の幸せとの兼ね合いは誠に難しい。

門外漢ながら、ノーベル賞受賞者には拍手を惜しまない。しかし、主にアメリカの大手ＩＴ企業五社を中心とした開発競争の行く末には多少の不安を覚える。

「進歩が速すぎてついていけない」とか「取り残されそうで不安だ！」という声を三十代の若者たちからも日常的に聞くようになった。そうなると私たちの世代は、封建時代の遺物というよりも〝化石〟になってしまったのかと弱音を吐きたくもなる。

それだからこそ、私たち人類の最大の武器ともいうべき心の働きと五感に常に磨きをかけておかねばなるまい。

視力は衰えても〝心眼〟を開き

心の声に耳を傾け
四季折々の自然の香りを楽しみ
山海の佳肴《かこう》に感謝し
未来を担う赤子をしっかり腕《かいな》に抱く

こうしたことを心がけることによって、和歌の世界には届かないまでも、しばし、ネット社会の呪縛からは遠ざかり、心もなごもうというものである。

# 笑い

およそこの世で曖昧《あいまい》な笑いほど不愉快なものはない。

たとえばこちらが思わず失敗した時にニヤリとされたり、興味本位な話題になると俄然《がぜん》元気づいてケタケタと乾いた低い笑い声を立てながら、話の先を急かしたりするアレである。こうした場合、当人は自分の表情や笑い声にまったく気づいていないことが多い。無意識で反射的にニヤついたり笑い声がもれたりするらしいから始末が悪い。

どうせ大した理由があるはずもないとはわかっていても、こちらの腹《はら》の虫の居所が悪いと、親しい相手である場合に限り、

「なんで笑っているの？」

と抗議することもある。

たいがいの場合、相手は「笑ってなんかいない」と驚いた表情をする。そして、あわてて真面目にしかつめらしい表情に取り繕おうと頑張る。鏡に映らない自分の顔の

表情をなんとか修正しようとするその様子を観察していると結構おもしろくて、溜飲も下がる。こうした笑いは日本の中年女性に多いが、西洋人には滅多に見られない。最近は、こちらも知恵がついて、そういう時は無視することもできるようになった。

笑いの質は、西洋と東洋の文化の違いを如実に表している面がある。日本には落語や漫才など、思わず声を立てて笑ってしまう芸能がある。西洋でもジョークやコメディーなど、笑いを利かせた会話や喜劇がある。こうしたいかにも開放的で、その場がなごむ笑いは緊張感が解けて、人間社会の潤滑油としての効果も大なるものがある。

ご縁があって、年に数回はお能や狂言の舞台を拝見している。平成二十九（二〇一七）年も、新春早々に国立能楽堂でいくつかの演目を拝見する機会があった。「翁《おきな》」はお目出度い催しの最初に演じられる儀式的な演目で、笛、太鼓、脇鼓《わきつづみ》、小鼓《こつづみ》などの奏者は「イヨォー！」などの掛け声は勇ましいものの、その表情と姿勢はまったく崩れない。目に見える感情表現は一切ない。しかし観る者にあれほどの力強さを感じさせるにもかかわらず、表面は静寂がすべてを支配している。気品溢《あふ》れる演奏には華があり、日本伝統文化の〝美〟の極致を感じさせるに充分であった。

全員が素袍《すおう》上下に侍《さむらい》烏帽子《えぼし》の礼装で登場し、厳《おごそ》かさが場内を支配した。古代装束をまとった大和男《やまとおのこ》の凛々しさに圧倒される思いがした。

一方、狂言は〝しっかり者とお馬鹿さん〟、〝騙《だま》す側と騙される側〟の役回りが明快で、いつの世も人間社会はこんなものだったのかとつい納得させられてしまう。

お能や狂言に比べて、西洋のオペラやジャズ演奏は誠にユニークである。オペラは〝これでもか、これでもか〟と言わんばかりに、愛や死や裏切りについて髪振り乱して、絶叫する。ジャズは目をむき、鼻の穴を膨らませ、それでも足りぬとばかりに体中を使って派手に動き回って表現する。

こうした舞台を観るたびに、〝和〟と〝洋〟の奏者や演者が互いの舞台を初めて見た時は、さぞや腰を抜かしたであろうと感じてしまう。いずれにせよ、両方の世界をいつでも自由に往来できる現代の我々は果報者だ。


とはいえ、冒頭で述べた現代人のあの不愉快で不可解な笑いは、いったいどこから来るのであろうか……？

日本社会は人の〝和〟を貴び、物事を直截的に表現しないことを良しとする傾向がである。また、論理的思考を徹底せず、程々適当なところで収めることが大人の作法であると言われている。曖昧やぼやかした表現がすぎると、はぐらかしに通じる。以前から指摘されている通り、日本社会のこうした習慣が国際社会での政治や外交で誤解を招くキッカケとなったことも一度や二度ではない。日本人全体の国際化を目指すのであれば、文化としての日本の良さとは別に切り分けて、ワールドスタンダードの論理的思考と表現力を幼いうちから意識的に植えつけておくべきと考える。

# 遺墨展

平成二十八（二〇一六）年五月四日から約半年間、新潟県柏崎市西山町の父の生家近くにある田中角榮記念館と長岡市内の越後交通株式会社七階にある展示室において、父が生前残した遺墨の展覧会を開催した。

主な展示品は約六十点の作品のほかに硯、筆、墨などのいわゆる文房《ぶんぼう》四宝《しほう》や写真などである。大は縦二メートル五十センチ×横一メートルのものから、小は扇面に至るまで横額や掛け軸、色紙などさまざまである。

政治家の書というとひたすら座右の銘を書く場合が多いように思われるが、父の場合は明らかに異なる。書を求めた人の立場や経歴など充分に情報を仕入れたうえで、その人に最もふさわしいと思われる言葉や句を認《したた》めていた。書に向き合う時間はいつも早朝に限られていた。起床後入浴と朝食をすませた後、よく掃き清められた目白台の自宅のお座敷で、あらかじめ書生に命じて準備させておいた道具と向き合った。墨の磨《す》り具合の確認と筆選びは入念であった。静寂と緊張感が支配する室内で黙々と筆を運ぶ。その真剣さは傍らで見ているとまるで修行僧のようであった。書き終えて最後に引首印を押して落款《らっかん》が完成すると、フーッとひと息入れてから必ず遠く離れて眺めてみる。腕組みをして、

「おい、眞紀子どうだ、これ」

と声がかかる時は得心がいっている証拠である。会心の作は滅多にできるものではない。やれ、印が少し歪んでいるとか全体のバランスが悪いとかちょっとでも気に入らない点があるとクシャクシャと丸めて、惜しげもなく捨ててしまう。傍らで、

「あ、紙がもったいない！」

などと口走ろうものならキッと睨《にら》み返されてしまう。

「こんなものが後世に残ってはかなわん」

というのが口癖であった。大書に挑戦する時の気迫と真剣さは鬼気迫るものがあり、文字通り全身全霊を傾けて取り組んでいた。

時折、酒席や事務所での陳情の途中に一筆書いてほしいとねだられると、意外なことに「ハイハイ」といとも簡単に引き受けてサラサラと書いてしまう。ただし、〝これはお遊びだ〟とひと言つけ加えることを忘れなかった。真剣勝負と遊びをハッキリと使い分けていることがこんな時にもよくわかった。

この展示会に作品を提供してくださったある方の話によると、選挙区で父の演説会が開かれるというと、誰言うともなく筆墨硯紙を持ち寄って、

「先生、何か一筆書いてください」

とねだることが常であったという。そんな時の父は書き終えると、選挙の時はよろしく頼むと言って一人ひとりに手渡していたと聞き及び、私は驚くと同時に半ば呆《あき》れつつも、「なるほどねえ」と感心もした。

議員在職中は私などでも有権者から揮毫《きごう》を求められることがあったが、「未熟者ですから」とかなんとか言い訳をしてお断りをしてきた。選挙のことが始終念頭にあれば、未熟者なりに当然お引き受けするべきものであったのかもしれない。しかし、日頃、緊張感漲《みなぎ》る父の揮毫ぶりを間近で見て育った私は、いみじくも天下の政《まつりごと》に携わる政治家たるもの、中途半端な書を世に残すべきではないという自制の思いがいつも心にあった。歴史の批判に耐えうる立派な書を残すべきという気迫の一方で、人気稼業としての政治家の務めも上手に使い分けていた父の心配りに気づいていなかった私は粗忽《そこつ》者である。

父に書の師範はいない。ただ、若い頃から書道好きで毛筆をこよなく愛し、筆ペンやサインペンなどには目もくれなかった。時間があると『墨場必携』や漢詩の本など

を紐解いて、

「これは良い言葉だね」

などとつぶやいていた。

父が普通の人と違うところは、目にする文章や数字は結構苦もなく頭に入ってしまうらしく、揮毫する時にはそれらの漢詩や言葉がスラスラと頭に浮かんできて、そのこと自体を楽しんでいたふうがあったことである。

海外出張の長旅の機内でも、役所からの書類を読んだり新聞に目を通した後は、ウィスキーグラス片手にそうした本を眺めたり、それにも飽きると山手樹一郎《きいちろう》の小説を読んだりして気分転換をはかっていた。今日のように機内で映画やゲーム、音楽などを楽しむことはできなかったあの時代のことである。

新潟県は冬が長く雪深いせいか良寛和尚をはじめ、相馬御風《ぎょふう》、會津八一など超一流の書家が多数輩出している。新潟県人ではないが天台宗の僧侶にして書家の豊道春海《ぶんどうしゅんかい》翁の書を父はことのほか好んだ。また、日本画は川合玉堂や山口蓬春《ほうしゅん》など、大らかでほのぼのとした素朴な美しさを称える画を身近に置いていた。

新潟大学名誉教授の加藤僖一《きいち》先生は父とは一面識もないにもかかわらず、出雲崎町にある良寛記念館に掲げてある父の書を評して次のようにおっしゃっている。

氏の書を見ると、コンピューターつきブルドーザーといわれたエネルギッシュでタフな性格とは、これまたかなり異なった印象をうける。つつましやかで、温和で、女性の書のようなやさしさがある。結体には少しの癖もなく、お手本的でさえあり、線は素直でのびのびとしている。

この書評は私から見ると誠に正鵠を射ているように思われる。なぜなら確かに文には豪放磊落《ごうほうらいらく》、天衣無縫《てんいむほう》と言われる面もあったが、それとは別に内面は極めて緻密にして潔癖。一緒に生活をしていると神経過敏な人で、こちらが疲れてしまうことが多かった。他方、政治や経済などに対する発想は合理的で常に完璧を目指していたことが手に取るようによくわかった。父の口癖は、

「自分には先が見えるのに、どうして世間の人にはわからないのだろう……。百年早く生まれてきたのかなあ……」

この言葉を聞くたびに、私たち家族は大笑いしながら「何貫目しょってるの！」と言って茶化していた。

いつ頃のことであったか定かではないが、ある日父は吉田茂元総理から横額を贈られたといって上機嫌で帰宅して披露してくれた。晩年の吉田元総理は、ごく限られた議員数組を夫人同伴で大磯の私邸に招いて接遇してくださっていた。「蛟竜雲雨《こうりょううんう》を得」と草書で認められた横額の左下に「素淮《そわい》」という署名とともに落款が押してあった。素とはS、淮とはY。すなわち、吉田茂の頭文字を意味するらしい。父はその雅号を見て、

「なかなか洒落てるねえ」

と言ってニッコリとした。同じ時期に池田勇人、佐藤栄作両氏に対しても吉田元総理は次の書を贈ったと父から聞き及んだ。

「呑舟の魚は枝流に游《およ》がず」

「燕雀は知らず天地の高さ」

その時に父から聞いた言葉の意味だけは今もしっかりと記憶しているのだが、「呑舟の魚」と「燕雀」のどちらの書がどなたに贈られたのかは失念してしまい、今となっては確認する術《すべ》もない。しかし結果として、保守本流といわれる吉田学校の三人は後年いずれも内閣総理大臣となった。

戦後の日本が最も力をつけ、国民が政治家に期待していた時代のことである。

## アメリカの大統領選挙

平成二十九（二〇一七）年一月二十日正午。ドナルド・トランプ氏がアメリカ合衆国第四十五代大統領に就任した。

それに先立つ大統領選挙期間中は、アメリカ国民のみならず、世界中がトランプ氏の発言にやきもきし、やがては呆《あき》れ、非難が渦巻いた。

その原因は大きく二つに分けられると考えられる。

一つ目は、彼の〝国益優先〟の思想を突きつめると、排他主義や保護主義となってしまう危険性がある。そうなると、今まで国際社会でアメリカが果たしてきた、政治、外交、経済上の役割を放棄してでも〝一国主義〟を貫くおそれがあることになる。

私自身は、ＴＰＰ（環太平洋戦略的経済連携協定）やＮＡＦＴＡ（北米自由貿易協定）について、政権党が変わるからには政策変更もあり得ると考える。むしろ、まるで日本がアメリカの五十一番目の州でもあるかの如き対米追従外交に安住している現安倍晋三政権が、脱ＴＰＰと言われて、あわてて右往左往するほうがよほどおかしい。

それよりも、地球温暖化対策の国際的枠組みである「パリ協定」からのアメリカの離脱や、移民排除、対中強硬政策などの反グローバル化ともいえるトランプ政策にこそ、大変問題があると考える。

世界が混乱している二つ目の理由は、トランプ氏個人のひどく単純で、攻撃的な物言いにあると思う。自分の意に添わない相手や意見に対しては、徹底的に攻撃したり無視したりする。傍若無人とも思えるほどの横柄な態度である。さらに、大統領になろうという人物が、あのように頻繁にツイッターで発信するというのも、混乱に拍車をかけている。ヨーロッパやアジアでは考えられないような現象である。

彼の発言の本旨が、まず自国民の雇用を守り、経済を安定させることが第一歩であるというのであれば理解できなくもない。ただし、政治や外交の経験がまったくない実業家のトランプ氏が、政治もすべてビジネス並みの〝取引き〟という思い込みで、世界との関係を二国間での〝駆引き〟で成り立たせようと考えているのであれば、極めて危険である。人々の心配と不信の原因はそこにこそある。殊にトランプ氏の傍若無人な物言いは、私流に言うと、アメリカの〝怒鳴奴《ドナルド》〟氏から怒鳴られているようでたまったものではない。アメリカ産のドナルドは、ディズニーのドナルド・ダックだけで充分なのだ。

一九六〇年代、私は米国ペンシルバニア州のフィラデルフィアにあるクェーカー教の高校に在学していた。その頃、リチャード・ニクソン対ジョン・F・ケネディの大統領選挙があった。社会科授業の一環として、我々高校生も両候補の主張を分析し、アメリカ社会や世界のためにどちらの候補の主張が、より目的に適《かな》うかについて度々討論した。

当時、ニクソン・バッジやケネディ・バッジを胸につけて登校するのが流行《はや》っていた。私はニクソン・バッジをつけた。理由は当時、新人で無名に近かったケネディ氏の理想主義的な主張よりも、ドワイト・D・アイゼンハワー大統領の下で活躍していた若きニクソン副大統領の主張の方が、より現実的であるように思えたからだ。

選挙戦が進み、終盤戦でケネディ氏がフィラデルフィアに来て演説をして以来、校内では俄然《がぜん》ケネディ・バッジが増えたように感じられた。

結果はケネディ氏の勝利であった。

時代も変わり、父は世にいう金脈問題で政権の座を降り、ニクソン氏もウォーターゲート事件をきっかけに大統領職から離れた。そんな時代に、突然ニクソン氏は訪日されて、ある日の午後、目白台の拙宅へ父を訪ねて来られた。この件は、不思議なことにマスコミにはもれてはいなかったようだ。この席で、父が裁判にまで問われたロッキード社との軍用機および民間機購入事件に関して、ニクソン氏からなんらかの言及があるはずだ、と私は新聞記者以上の好奇心を抱いていた。

会談は通訳を交えた三人きりで、一時間以上にわたって続けられた。その間、母と私はニクソン氏に米国からつき添ってきた中年の警護官を庭へ案内して、もてなしていた。彼の英語にはちょっとした〝なまり〟があり、

「もしやフィラデルフィア出身では？」

と問うと、図星であった。そこで私が母校の校歌やフットボール試合の応援歌を口ずさんだところ、

「あ！　そのメロディーは聞いたことがある」

と顔を輝かせた。自分の母校とのフットボール対抗試合の時に聞いたことがあるとのことであった。警護官も人の子。外国で故郷のことを言われ想い出すと〝人間の顔〟になるらしい。

そうこうしているうちに、父たちが室内から出てきた。ニクソン氏はすぐに私に近づいて来て、その分厚い両手で私の右手をしっかりと包み込んだ。そして今しがた父

の口から、私が昔フィラデルフィア留学時代にニクソン・バッジをつけていたという話を聞いたそうで、

「そんな出来事があったとは信じられない！　遅くなってしまったが、心からお礼を申しあげたい」

と本当にうれしそうに繰り返された。

アメリカ大使館差し回しの彼らが乗った車を見送ってからすぐに、

「お父さん、ロッキード事件のことはなんと言っていたの？」

と問いかけた。すると、

「そんなこと、お前には言えません！」

とピシャリと言われてしまい、中途半端な〝新聞記者もどき〟は真のプロフェッショナルには到底敵わなかった。

ケネディ大統領の演説は、ワシントンでのＩＭＦ（国際通貨基金）と世界銀行総会で、ごく間近で父とともに聞いたことがある。ちょっと鼻にかかった甲高い声で、ボストンなまりがあった。

また、日米経済閣僚会議の折には、久しぶりに両親がそろって訪米した。日本から

の閣僚夫妻ら数名が、明朝一番にホワイトハウスでケネディ大統領と会見することになった。せっかくの機会なので、ワシントンへ来て必ず合流するようにとの連絡が父から入った。ところが、うかつにも私はその朝に限って寝坊してしまい、チャンスを逸してしまった。数日後、表紙に「Miss Makiko Tanaka」と金文字で刻印された濃い緑色の立派な革本『THE WHITE HOUSE』が私の手もとに届けられた。その一ページ目にはJ・F・ケネディ大統領とジャクリーン夫人の直筆署名が記されていた。

最近もケネディ家とのちょっとしたエピソードがあった。平成二十八（二〇一六）年六月二十五日。新潟県へと向かう上越新幹線の中で、私の隣の席に座っていた岐阜県から来たという中年のおじさんが、

「今日は記念すべき日になった！　隣には偶然、眞紀子さんが座り、しかも後ろの席にはケネディ大統領のお嬢さん、キャロライン・ケネディ駐日大使が座っておられる。ぜひ話してみてはどうですか？　英語ができるんでしょう？」

と喧《やかま》しく勧めてくれた。限られた時間内に書類に目を通す必要があった私は、フンフンと半ば無視していた。こちらを誰かわからない相手に対して、アクションを起こしても煩《うるさ》がられるのがオチであることを知っていた。ところが、くだんのおじさんは私が下車する長岡駅が近づくにしたがって、

「早く話していらっしゃい。早くいっていらっしゃい」

と人の気も知らずに一層しつこく言い立てた。周囲の目もあるので、仕方なく立ち上がり、大使のお付きの警護官にひと言断ってから、ケネディ大使に簡単な自己紹介をした。彼女は佐渡で開かれるスポーツ・イベントに行くのが目的だと言いつつ、その目は手にしたスマートフォンに釘づけになっていた。ケネディ家の令嬢ともなれば、世界中どこへ行っても声をかけられて、さぞうんざりしていることだろうと同情した。

「佐渡でのスポーツ・イベントを楽しんでください」

と言ってすぐに私が離れたとたん、彼女はチラリとこちらに顔を向けただけで、

「お会いできてうれしいわ」

と儀礼的な挨拶を返してきた。岐阜県のおじさんと、周囲に座っていた人々の好奇の視線を背中に感じつつ、そのまま荷物を持って列車を降りた。

トランプ大統領とそのご家族が、これから先、長い将来にわたって世界中から尊敬の眼差《まなざ》しを向けられるようになるか否かは、今後の大統領としての彼の言動にすべてがかかっている。

# 「鳳鳴朝陽」に非ず

「鳳鳴朝陽《ほうめいちようよう》」という言葉は、新年の朝日が輝かしく照らす中であたかも鳳凰の鳴き声を聞くが如き、大らかで浩然の気を表す時に期待感を持って使われることが多い。平成二十九（二〇一七）年の干支は酉である。酉年にあやかって今年の年頭にこの言葉を使うには、いささか戸惑いがあった。

それは、前年に世界中で起きた事件や事柄、さらには宗教的対立による戦争の終結の兆しが見えてこないからである。加えて、我が日本国内の政治があまりに行き詰まっていて、政権党による古臭い国会運営や、誤魔化しにも似た言い逃れが連綿と行われていることにも、大いなる不平と不満がある。

国民はさまざまな将来に対する不安や雇用不安を抱えて鬱々《うつうつ》としているにもかかわらず、その打開策を、与野党を含めた政治家たちに期待することをもはや放棄せざるを得ない事態に立ち至っている。

ＩＳ（イスラミック・ステイト）による、中東での宗教対立に根差した目を覆いたくなるほどの殺戮《さつりく》の連続。それに続く難民問題の複雑さ。難民受け入れ問題は東欧や西欧諸国はもとより、世界中のあらゆる国家を巻き込んで深刻度を高めている。その受け入れの可否について国民の意見は割れ、雇用などの社会不安を引き起こしている。さらにその対立は、国家分断の危機をも招いている。判断を国民投票に委ねた結果、経済問題とも連動してイギリスがＥＵ（欧州連合）離脱を決定したように、ほかにも難題が山積している。

ほかの欧州諸国でも、極右主義的政党の台頭。そして、アメリカのトランプ大統領誕生による一国主義的政策の影響。今後も不安と閉塞感のタネは尽きそうにない。ヒト、モノ、カネ、情報などがすでにグローバル化してしまっていることは現実である。にもかかわらず、今後は政治が反グローバル化へと舵を切ることが予測されるに至り、どの国も、どの国民も、自己防衛に走り出しそうな気配が漂い始めている。

こうした国際環境のなかで、私が今最も憂慮していることは、我が日本国の舵取り人の〝才覚〟である。閣僚や党の要職も次から次へと〝在庫一掃〟のように吐き出されるばかりで、我々国民の側から見ると、新鮮さや驚きはまったくない。もはや総理大臣や閣僚は国民の尊敬の対象とはなっていないと思われる。

平成二十四（二〇一二）年十二月の衆議院選挙での大勝と、平成二十八（二〇一六）年七月の参議院選挙による勝利で、安倍晋三政権は盤石な政権基盤を築いた。しかし、その主たる要因は、多党化した野党の非力ぶりが国民に見放された結果であって、積極的な安倍政権支持ではなかったと考える。

「基礎的財政収支」を黒字化するための道筋は、具体的には見えていない。「社会保障の財源確保」も不明である。これらに加えて一番の問題は、平成二十三（二〇一一）年三月十一日の東日本大震災により引き起こされた、福島第一原子力発電所事故に対応する「被災者救援策」および原子力発電を含む日本の「エネルギー政策」が遅々として進んでいないことである。原発は本当に安全なのか？　そうでなければ一日も早く新たなエネルギー国家政策の確立に向けて、具体的に着手するべきである。経済成長を目指すのであれば、エネルギー問題は避けて通れない。

二点目は、日米安全保障条約に基づく米軍基地の辺野古移設問題である。選挙のたびに強力に示される沖縄県民の〝反対〟の民意と正面から向き合っているとは到底思えない。常に言葉だけではぐらかし、その場しのぎの弁明に明け暮れているかのように見える。これほど不誠実な対応にもかかわらず、なぜマスコミは正論を述べて、安倍政権が明確な意思を発信するように仕向けないのか……。

このたびのトランプ政権誕生直前に行われた、トランプタワーにおける記者会見において、CNN記者が発したトランプ氏個人に対する鋭い質問に対して、彼は激昂し、その記者を指さして「You are fake news!（あなたはインチキ放送局だ！）」と言って質問を強く遮った揚句《あげく》、次に手を挙げたBBC記者に対しては「You are good news!（あなたは良い放送局だ！）」と言った。親族や関係企業の幹部を政府の要職に就けることに関して、あるいはトランプ氏が展開するビジネスに関して、利益相反があるのではないかというもっともな声などをCNNは発したのである。あの時のトランプ氏の対応は、まるで専制君主のようであり、利益相反に関しては、私も大いに疑義があると考えていたところである。会場にいた大勢の記者たちは騒然となって、トランプ氏の自分に都合の悪い質問には答えようとしない態度を一斉に糾弾した。あの時、アメリカのメディアの健全さに、私はテレビの前で拍手を送った。なぜ、日本のメディアにはこうした気概がないのか。沖縄県での基地問題には、安倍首相は正面から発言する義務がある。国土の約〇・六パーセントの土地に、米軍基地の約七十四パーセント（米軍のみが使用する専用施設での比較）が偏在していること自体、異常であると考える。

安倍政権には、正確で建設的な議論を責任を持って行おうとする真面目な姿勢が感じられない。既成事実に寄りかかり、いざとなると数を頼りに〝強行採決〟を繰り返す。こんな国会運営は、〝古い自民党体質の再来〟そのものである。日米安保条約を現状のまま維持するのであれば、米軍基地の沖縄偏在をやめて、ほかの自治体へも分散することについて、国民に向かって真剣に問いかけてみてはどうか。基地問題と原発施設の設置問題は、誰もがその施設を受け入れたくはない二大テーマである。であるからこそ、〝受益と負担〟に関して、日本国民一人ひとりに問いかけることが急務であると考える。

安倍政権は、一度目は一年で政権を手放した。二度目の政権は、平成二十四年に発足して以来、四年三カ月になんなんとしている。巷間、さらなる長期政権を目指していると言われているが、言うまでもなく政権の長短は結果であって、政権そのものが品位や高い志を保たなければ、我々国家国民、ひいては国際社会にとっても取り返しのつかないことになると危惧している。

そもそも安倍政権のねらいはただ一つ、「憲法改正」であると言われている。平和憲法を廃止して自主憲法を制定し、「自衛隊を国防軍にしたい」という旨の発言は、第二次政権発足直前の選挙の頃より彼の口から幾度も発せられている。であるならば、現在の弛緩した日本の政治意識のなかでは、自ら志願して自衛隊員になろうという人は多くないはずである。そうなると「徴兵制度」を採用しない限り、国防軍創設は無理であろう。国民一人ひとりの目をしっかりと見て、民意がどこにあるのかを分析し、立案して、国家の方向性を決める。しかしながら、その責任を取る覚悟がこの内閣からは感じられない。

日米安保条約を堅持するからには、時代にふさわしい「地位協定の一部見直し」が現実的であると考える。私が小泉純一郎内閣の外務大臣であった時に、この件について外務省幹部と話したことがある。現状維持を金科玉条の如く信じている外務省の官僚たちは、そうした発想をする人物が外務大臣職に就くこと自体に強いアレルギーを持っていた。現在も時代の変化に見合った施策を検討する気などサラサラありそうもない。その遠因は、外務省が過去の戦争の分析や、戦争責任問題に決着をつけないいま今日に至っていることにあると考える。責任の所在をうやむやにすることは、日本の官僚たちの最も得意とするところであり、ましてや東条英機内閣の閣僚であった岸信介《のぶすけ》氏を母方の祖父に持つ安倍氏が内閣首班であっては、戦争責任云々を言い出せる雰囲気などないのであろう。

ところが、日米間の軍事費負担問題をはじめとして、日本側がこのままではトランプ政権から揺さぶりをかけられることは火を見るよりも明らかである。残念ながら、現外務大臣と防衛大臣は、そうした危機意識を感じていないのではないか。

そもそも安倍首相は、メンタルな面でアメリカに対してかなり複雑な思いを抱いているとかねがね感じている。アジア諸国は言うにしかず、アメリカにおいても、日本が諸外国に対して甚大な戦争被害をもたらしたということは、歴史上の事実として認識されている。柳条湖および盧溝橋事件などに端を発した先の大戦を見る限り、日本が〝侵略〟戦争を引き起こしたことも一般的な認識となっている。アメリカの国土であるハワイのパールハーバー（真珠湾）を日本軍が攻撃したことをキッカケとして、広島・長崎に原爆が投下されたという経緯も歴史上の事実である。これは〝敗戦〟であって、〝終戦〟という言葉に置き換えることには無理があろう。ところが岸信介大臣は、東条内閣のほかの閣僚のように断罪されることもなく、三年の収監を経て解放された。

安倍首相の心と頭の中には、戦争を引き起こした罪の意識と、アメリカに対する感謝の念が複雑に共存していると想像できる。先のパールハーバー訪問において〝未来志向〟という言葉を使った演説はしたものの、〝謝罪の言葉〟がひと言もなかったというところに、日本の戦争責任に言及したくないという彼の意識が如実に表れている。

日米地位協定では、アメリカ側に優先的に裁判権を認めており、よほどのことがない限り、罪を犯した米軍人・軍属らの引き渡しは難しい。また、飛行禁止区域設定が米軍機には適用されず、環境面での規制も極めて弱い。このように、同じ敗戦国のドイツやイタリアに比べても、日本はかなり厳しい協定をずっと遵守させられているのが現実である。

沖縄で罪を犯した米軍人の引き渡しに関しては、こんなことがあった。私が小泉内閣の外務大臣在職中に沖縄北谷《ちゃたん》町で日本人女性に対する暴行事件が発生した。私は当日、皇居で信任状捧呈式をすませたばかりのベーカー大使を外務省の飯倉公館へ夕方に呼び出し、犯人とおぼしき米軍人を日本側へ直ちに引き渡すよう強く説得した。祝賀気分であったベーカー大使は顔色を変えた。私の後ろに控えていた外務省高官たちは、〝新米大臣、しかも女のくせに、こともあろうにアメリカ大使が着任早々、地位協定にかかわる問題提起をするとは失礼にあたる〟という苛立《いらだ》ちと困惑した表情を見せていたが、私はそれを無視して話を続けた。日本人被害者の痛みは言うまでもなく、家族や友人の元を遠く離れて異国の沖縄で兵隊として働く一人のアメリカ人青年の人権を守るためにも、一刻も早く日本側へ引き渡すことが、彼の将来のためにもなるという主張を繰り返した。ベーカー大使はじっと私の言葉に耳を傾けていたが、早速明朝、当時のコリン・パウエル国務長官に必ず伝えると約束された。こんな時には通訳を介さず、下手ながらも英語で直接自分の口から意思を伝達できることは、とても重要であると痛感した。なお、当該米軍人には英語に堪能な通訳をつけて、彼の人権は必ず守るという条件も付した。結果として、身柄は日本側に引き渡され、有罪になったと聞き及んでいる。今頃かの青年は、どこでどのような生活をしているのだろうかと思い起こすこともある。

戦後七十年以上がすぎて、日米安保条約はこのままでいいはずはない。トランプ政権の登場は、世界の自由貿易体制に激震を与えたのみならず、日米の安全保障に関してもすでに大きな問題を提起している。

世界の首脳に先駆けて、わざわざニューヨークまで出向き大統領就任前のトランプ氏と会談した安倍首相は、一本五十万円もするゴルフのドライバーをお土産として携えて行ったと報道された。ところが、安倍首相に続いて大統領就任前のトランプ氏に面会したソフトバンクの孫正義社長は、五・七兆円をアメリカの新興企業などに投資すると申し出たという。トランプ氏が初対面にもかかわらず、

「マサ、マサ」

とさも親しげに肩を抱いて相好を崩している様子がニュース番組で放映された。

今、日本の政府がやるべき喫緊の課題は、まるで思考停止状態に陥っているアメリカ追随外交を見直すとともに、欧州やアジア諸国と、もっと血の通った緊密な関係を構築することであろう。

一国民ながら、元国会議員として科学技術政策や外交、文部科学行政などに携わった身としては、今年の年頭は〝鳳鳴朝陽〟の心境には到底なれなかった。

# おわりに

物心ついた頃から、公人としての父の存在が持つ重圧感は相当なものであった。今振り返っても、世間の目を気にして日々緊張して暮らしていた。服装や言動は極力目立たないよう抑制することが、結果として自己防衛につながるとわかっていた。

私たち夫婦の三人の子供たちも、知らず知らずのうちにそれを学んできたように思う。しかし、三人とも三十歳を超えた現在は、世間の荒波にもまれているうちに、他人《ひと》の好奇の目を軽くいなす術《すべ》を学んだらしく、逞《たくま》しく育ってくれた。

世の中は常に〝アクション起こせば、リアクションあり〟〝捨てる神あれば拾う神あり〟ということであろうか……。

平成七（一九九五）年に時事通信社が発行した『「二〇〇一年」の首相候補生』という本がある。十八人のうち、なぜか当時一年生議員であった私が唯一の女性候補として選ばれている。

タイトルは「〝脱〟田中角榮目指すお嬢さん政治家」とあり、文中では次のような記述（抜粋）がある。

夏目漱石の『坊っちゃん』が、今、女として生まれ変わったら、こんな人なのかもしれない。

純粋、生一本、そして素朴な正義感を持ち合わせ、世俗に染まらない。そして、向こう見ずで世間知らず。〝大人〟と言われる政治家たちが言いよどむことでも、事もなげに言ってのける。また、得心がいけば、即、実行に移す大いなる行動力。だから、田中眞紀子の行く所、静寂であった空気がたちまちのうちに騒《ざわ》めいてしまう。怖いもの知らずのお嬢さん政治家は、実に、痛快、爽快《そうかい》なのである。

ところが、その文中の末尾で落語家の故五代目柳家小さん師匠は、初めて私に会った時の印象を次のように述べている（抜粋）。

てきぱきしていて、明るく、はっきりしているという印象だった。中国残留邦人の問題で、政府がなかなか重い腰を上げようとしなかったが、眞紀子さんが法律をこしらえてくれて、トントンとうまくいった。

即、実行するという手際の良さは大したもんだね。日本にも(女性総理が)いていい。応援するよ。ただ、ちょっと心配なのは、あまり走り過ぎると良くないこともある。慎重に構えることが大事なときもある。政治の世界は、失敗すると、そこを突いてくるから……。大きなことをやろうとすれば度胸も必要だし、眞紀子さんはその度胸を持っているからね。

と面はゆいようなひと言を寄せてくださっている。

また、かつて読売新聞社政治部のある記者が、私を見ていると、三島由紀夫の初期の作品である『お嬢さん』の主人公を彷彿させると評したことがある。彼が大切にしていた古ぼけたその本を拝借して通読したが、なんだかピンとこなくて妙な印象を受けたことを覚えている。

また、ある出版物の中で、後藤田正晴元議員が父と私を比較して、

「あの父娘は本当によく似ている。しかし決定的に違っているところは〝育ち〟である」

と指摘していた。若い頃から苦労人であった父に比べ、私は苦労知らずで、人に対する思い遣りが違っていると指摘されている。私としてみれば、今さらそんなことを

言われてもどうにもならない。父はいつも、

「眞紀子は一人っ子だから、世の中を上手に渡るコツを学ばなければいけない。しかし、お父さんには眞紀子しかいないから、苦労をさせたくない！　困ったもんだナァ……。どうしたものかナァ……」

と腕組みをしながら、私の目の前で本気で思案投首《しあんなげくび》の体であったことも一度や二度ではない。

しかし、いずれにしても前述の方々の私に対する指摘は、正鵠を射ている面もあると認めざるを得ない。


人は誰でも生ある限り、その与えられた環境の中で善意をもって正直に生き抜かなければならない。

両親がかつて言っていたように、誰も人生は一度限りである。他人も自分も互いの命と尊厳を大切にして、感謝の心を忘れずに生きていかなければならない。

今後もこの言葉が私にとって最高の指針であることに変わりはない。

時の経過とともに、周囲の人々の私に対する呼称は大きく変化した。近頃では幼い

孫が、

「マキちゃん！」

と呼んで、なついてくれて小さな幸福を感じている。このささやかな幸せが少しでも長く続いてほしいと願いつつ、本書を無事脱稿することができた。

日刊工業新聞社をはじめ関係者の皆様に、心から厚く御礼申しあげたい。

平成二十九年一月三十一日

田中眞紀子

© 清水　崑

「年寄りと四季」「ニューヨークの秋から北京の秋へ」「時は大騒ぎして、頭上を通り過ぎていった」「北京にて」は『時の過ぎゆくままに』（主婦と生活社）より、「父、二十年目の北京」（原題・父田中角栄二十年目の北京）は『中央公論』（一九九二年一二月号）より加筆して転載しました。

■著者略歴
田中 眞紀子（たなか まきこ）
1944 年　生まれ
1968 年　早稲田大学第一商学部 卒業
1993 年　衆議院議員に新潟県旧第３区より無所属で初当選
1994 年　科学技術庁長官（村山内閣）
2001 年　外務大臣（小泉内閣）
2012 年　文部科学大臣（野田内閣）
2012 年　衆議院解散に伴い議席を失い、今日に至る
〈役職〉
越後交通株式会社 代表取締役会長
株式会社新潟放送 顧問　他
〈家族〉
父 田中角榮（元内閣総理大臣）
夫 田中直紀（元防衛大臣）
一男二女の母
〈著書〉
『時の過ぎゆくままに』（主婦と生活社）、『私の歳時記』（海竜社）　他
〈受賞〉
ベスト・スマイル賞、エグゼクティブ・ファッション・アワード、
ベスト・ジーニスト賞、ナイスカップル賞、新語・流行語大賞　他

父と私　NDC312

2017年 3月 6日　初版 1 刷発行　（定価はカバーに表示してあります）

© 著　者　田中　眞紀子
発行者　井水　治博
発行所　日刊工業新聞社
〒103-8548　東京都中央区日本橋小網町14-1
電　話　書籍編集部　03（5644）7490
販売・管理部　03（5644）7410
ＦＡＸ　03（5644）7400
振替口座　00190-2-186076
ＵＲＬ　http://pub.nikkan.co.jp/
e-mail　info@media.nikkan.co.jp
印刷・製本　新日本印刷（株）

落丁・乱丁本はお取り替えいたします。
2017 Printed in Japan　ISBN 978-4-526-07676-3